別冊　問題

大学入試

全レベル問題集

漢　文

1

基礎レベル

JN036254

Obunsha

基礎編

A 句法（句形）に関連する読み

本冊（解答・解説）p.14

問 次の各文の傍線部の読み方を、送り仮名が必要なものはそれも含めて、ひらがなで答えよ。（現代仮名づかいでもよい）

① 過《あやま》チテハ則チ勿レ憚《はばか》ルコトレ改ムルニ。
（過ちを犯したら改めることをためらってはいけない。）

② 何為不ルレ去ラ也《や》。
（どうして去らないのか。）

③ 不ルハレ読マレ書ヲ何也。
（書物を読まないのはどうしてか。）

④ 豈忘レン二父母之《の》恩ヲ一哉。
（どうして父母の恩を忘れたりしようか。）

⑤ 政《まさ》宗《むね》ノ状貌ハ何如。
（政宗の容貌はどのようであるか。）

⑥ 人生幾何。
（人生の長さはどれほどであろうか。）

⑦ 割《さクニ》レ鶏《ヲ》焉用《ヒン》二牛刀《ヲ》一。
（ニワトリをさばくのにどうして牛切り包丁を用いることがあろうか。）

⑧ 視《みヨ》二吾《わガ》舌《ヲ》一、尚《なホ》在《リヤ》否。
（私の舌を見よ、まだあるかどうか。）

⑨ 王令二人《ヲシテ》学《バ》レ之《これヲ》。
（王は人をやってそれを学ばせた。）

⑩ 弥《び》子《し》瑕《か》見レ愛《セ》二於衛《えい》君《くんニ》一。
（弥子瑕は衛君に愛された。）

⑪ 苟有《ラバ》二天運一得《ン》二勝利《ヲ》一。
（かりにも天運があるならば、勝利がえられよう。）

⑫ 雖二千万人《ト》一吾往《ゆカン》矣。
（たとえ敵が千人万人であっても、私は行く。）

⑬ 夫《ふう》子《し》之道《ハ》忠《ちゅう》恕《じょ》而已矣。
（先生の教えはまごころと思いやりだけだ。）

⑭ 子《しスラ》且《かツ》然《しかリ》、況高《たか》綱《つなヲ》乎《や》。
（あなたでさえそうなのだから、まして私高綱であればなおさらだ。）

⑮ 王、庶幾改《メヨ》レ之《ヲ》。
（王様、どうかお改めください。）

B 同字異訓（読み方の多い字）の読み

本冊（解答・解説）p.16

問 次の各文の傍線部の読み方を、送り仮名が必要なものはそれも含めて、ひらがなで答えよ。（現代仮名づかいでもよい）

① 富ト与レ貴是レ人之所レ欲スル也。
（富貴は誰でもが望むものである。）

② 礼ハ与二其《そ》ノ奢《おご》ラン一寧《むし》ロ倹ナレ。
（礼は派手にするよりはむしろひかえめにするのがよい。）

③ 腸《はらわた》為断絶ス。
（はらわたはあまりの悲しみのせいでちぎれてしまった。）

④ 爾《なんぢ》ハ為レ爾、我ハ為レ我。
（おまえはおまえであり、私は私である。）

⑤ 漢皆已得タルレ楚《そ》ヲ乎《か》。
（漢は皆もう楚を手に入れたのか。）

⑥ 死シテ而後《のち》已。
（死んではじめて終わりになる。）

⑦ 吾ガ父死ス、故哭《こく》ス。
（私の父が死んだ、だから泣いているのだ。）

⑧ 太祖ノ口《こう》貌《ばう》如シレ故。
（太祖の容貌は以前のままであった。）

B 同字異訓（読み方の多い字）の読み

⑨ 孟《まう》子《し》見㆓梁《りやう》ノ恵《けい》王《わう》ニ㆒。

（孟子は梁の恵王におめどおりした。）

⑩ 天下有レバ㆑道、則《すなは》チ見。

（世に正しい道が行われていれば世に出る。）

⑪ 人生ハ如㆓朝露ノ㆒。

（人生は朝のつゆのようにはかないものだ。）

⑫ 如君不ンバ㆑君タラ、臣不㆑臣タラ。

（もし主君が正しい主君でなかったら、臣下は臣下たりえない。）

⑬ 富ミテ且貴《たふと》キハ於《お》イテ㆑我ニ如シ㆓浮雲ノ㆒。

（富貴は私にとって浮雲のようにつまらぬものだ。）

⑭ 我酔ウテ欲ス㆑眠ラント、君且去レ。

（私は酔って眠たくなった、君は少しの間帰りたまえ。）

⑮ 心自閑ナリ。

（心は自然とのどかである。）

⑯ 自㆑古《いにしへ》誰カ無カラン㆑死。

（昔から誰か死のない者があろうか。）

⑰ 夫秦《しん》王《わう》有リ㆓虎《こ》狼《らう》之心㆒。

（そもそも秦王は残忍な心の持ち主だ。）

⑱ 逝《ゆ》ク者ハ如キ㆑斯《か》クノ夫。

（流れゆくものは皆このようなものなのだなあ。）

⑲ 不㆓肯呼バ㆑人ヲ。

（わざわざ人を招待しなかった。）

⑳ 楊《やう》震《しん》不㆑肯。

（楊震は承知しなかった。）

C 同訓異字（同じ読み方の字が多いもの）の読み

本冊（解答・解説）p.22

問 次の各文の傍線部の読み方を、送り仮名が必要なものはそれも含めて、ひらがなで答えよ。（現代仮名づかいでもよい）

① 終出《い》ヅ㆑国ヲ。

（とうとう国を出てしまった。）

② 杜《と》子《し》春《しゅん》竟不㆑応《こたへ》。

（杜子春は最後まで声を出さなかった。）

③ 乃先《ま》ツ納《い》ル㆓質《ち》ヲ於斉《せい》ニ㆒。

（そこで、まず人質を斉の国に送った。）

④ 飲《メバ》輒尽《つクス》。
（酒を飲んではそのたびごとに飲みつくした。）

⑤ 蛇固無《シ》レ足。
（蛇はもともと足がない。）

⑥ 私見《ル》二張《ちやう》良《りやうヲ》一。
（こっそり張良に会った。）

⑦ 師《し》徳《とく》密薦《すすム》レ之《ヲ》。
（師徳は内々にこの人物を推薦した。）

⑧ 去《リテ》レ鄭《ていヲ》之レ許《きよニ》。
（鄭の国を去って、許の国に向かった。）

⑨ 漁人甚異《トス》レ之《ヲ》。
（漁師はこのような場所があるのをとてもふしぎに思った。）

⑩ 趙《てう》王《わう》悉召《シテ》二群臣《ヲ》一議《セシム》。
（趙王は群臣を残らず呼び集めて議論させた。）

⑪ 二《に》主《しゆ》殆将《まさニ》《す》レ有《ラント》レ変。
（この二国の君はおそらく変事をたくらんでいます。）

⑫ 俄而虎匿《かくル》二草中《ニ》一。
（急に、虎は草むらにかくれた。）

⑬ 吾為《ためニ》レ若徳《セン》。
（私はおまえのために恩徳を施そう。）

D 読みの重要な副詞

本冊（解答・解説）p.24

問 次の各文の傍線部の読み方を、送り仮名が必要なものはそれも含めて、ひらがなで答えよ。（現代仮名づかいでもよい）

① 徒留《とど》マルモ、無シレ所レ施ス。
（むだにここにとどまっていても、どうしようもない。）

② 凡今之人、惟ダ銭《ぜに》而《の》已《み》。
（総じて今どきの人は、ひたすら銭のことばかりだ。）

③ 嘗語リテレ予ニ曰《い》フ。
（以前私に語って言った。）

④ 蓋是《こ》ノ国也《や》地険《けは》シ。
（思うにこの国は地勢が険しい。）

⑤ 頗能《よ》ク推二‐進ス賢士ヲ一。
（たいそう賢士を推薦することができた。）

⑥ 毎与《と》レ臣論ズ二此《こ》ノ事ヲ一。
（いつも私とこのことについて議論した。）

⑦ 具対《こた》フ。
（くわしくお答えした。）

⑧ 人馬倶驚ク。
（人も馬も両方とも驚いた。）

⑨ 蚌《ばう》方出《デテ》曝《さらス》。
（どぶ貝がちょうど川から出て日光浴をしていた。）

⑩ 尤喜《ブ》レ飲《マシムルヲ》二酒《ヲ》客《ニ》一。
（とりわけ酒を客人に飲ませるのを好んだ。）

⑪ 忽見《ル》二一鰍《しうノ》出《ヅルヲ》一。
（とつぜん一匹のどじょうが出てきたのを見た。）

⑫ 些積《ム》二功《く》徳《どくヲ》一。
（わずかながら功徳を積んだ。）

⑬ 偶至《リ》二都城《ノ》南《ニ》一、尋《ヌ》レ之《ヲ》。
（偶然、都の南の郊外に行ったので、この家を訪ねた。）

---

⑭ 范《はん》増《ぞう》数目《もくス》二項《かう》王《わうニ》一。
（范増はたびたび項王に目くばせした。）

⑮ 江碧《みどりニシテ》鳥逾白《ク》、
（川は紺碧《こんぺき》で鳥はいっそう白く、）

⑯ 求《メタル》与《か》、抑与《ヘラルル》与《か》。
（求めたのか、それとも与えられたのか。）

⑰ 上《じやう》下《げ》交征《とリテ》レ利《ヲ》而国危《シ》。
（上の者から下の者まで互いに利益を求め、国が危うくなる。）

E 読みの重要な用言（動詞・形容詞・形容動詞）

本冊（解答・解説）p.26

問 次の各文の傍線部の読み方を、送り仮名が必要なものはそれも含めて、ひらがなで答えよ。（現代仮名づかいでもよい）

① 射テレ矢ヲ中レ虎ニ。

（矢を射て、虎に命中させた。）

② 晏《あん》子《し》之レ晋《しん》ニ。

（晏子は晋に出向いた。）

③ 子《し》胥《しょ》復《ま》タ事二夫《ふ》差《さ》ニ一。

（伍《ご》子胥はまた夫差に仕えた。）

④ 非《あら》ズ二悪レ彼ヲ而然《しか》スルニ一。

（彼を憎んでそのようにするわけではない。）

⑤ 地ハ不レ易二其ノ則《のり》ヲ一。

（地はその定則を改めたりしない。）

⑥ 舎《しゃ》人《じん》相《あ》ヒ与《とも》ニ諫。

（家来たちは皆でいっしょに諫言《かんげん》した。）

⑦ 晏《あん》子《し》対曰《い》ハク、

（晏子はお答えして言った、）

⑧ 有リ下鬻二盾《たて》ト与《と》レ矛《ほこ》ヲ者上。

（盾《たて》と矛《ほこ》とを売っている人がいた。）

⑨ 巧《かう》言《げん》令《れい》色《しょく》鮮仁矣。
（口がうまくて顔つきのいい者には仁の徳は少ない。）

⑩ 敵ノ兵甚ダ衆。
（敵兵はたいそう多い。）

⑪ 少時在リ二長《ちやう》安《あん》ニ一。
（幼少期、都の長安にいた。）

⑫ 宜乎《かな》、牡《ぼ》丹《たん》ヲ之《こ》レ愛スルハ。
（もっともだなあ、牡丹の花を愛するのは。）

⑬ 説《と》クコト二其ノ典《てん》ヲ一甚ダ審。
（そのいわれを解説することは、非常に詳しかった。）

F 読みの重要な接続語・名詞・その他の語

本冊（解答・解説）p.28

問 次の各文の傍線部の読み方を、送り仮名が必要なものはそれも含めて、ひらがなで答えよ。（現代仮名づかいでもよい）

① 吾於レ是得タリレ養フヲレ生ヲ。
（私はそこで生命を保つことができた。）

② 是以皆死ス。
（それゆえ、皆死んだ。）

③ 然則師《し》愈《まさ》レル与《か》。
（それでは、師のほうがまさっているのですか。）

④ 失ヒテ然後知ル㆓其ノ貴キヲ㆒。

（失ってみてはじめてその大切さがわかる。）

⑤ 不者皆且《まさ》ニ《す》㆑為ラント㆑所ト㆑虜《とりこ》トスル。

（そうでなければ皆いまにも捕虜にされてしまうであろう。）

⑥ 以為畏《おそ》ルル㆑狐ヲ也ト。

（狐をおそれているのだと思った。）

⑦ 人ノ病《やまひ》モ国ノ乱レモ皆如㆑是。

（人の病気も国の乱れも皆このようなものだ。）

⑧ 此レ所㆓以漢ノ亡ビシ㆒也。

（これが漢が滅んだ理由である。）

---

⑨ 楊《やう》震《しん》字伯《はく》起《き》。

（楊震は、成人後の名を伯起といった。）

⑩ 怪シミテ問フ㆓其ノ故㆒。

（ふしぎに思ってそのわけを尋ねた。）

基礎編

2 漢文の重要語25

問 次の各文の傍線部の意味として最も適当なものを、各群のイ～ニのうちからそれぞれ一つずつ選べ。

① 出《いヅレバ》二陽《やう》関《くわんヲ》一無《カラン》二故人一。

（陽関の関所を越えてしまったら、□もいなくなるだろう。）

イ 亡くなった人
ロ 古くからの友人
ハ いにしえの賢人
ニ 導いてくれる師

② 左右皆泣《キ》、莫《なシ》二能《よク》仰《あふギ》視《みルモノ》一。

（□は皆泣き伏し、顔をあげて王を見ることのできるものはいなかった。）

イ 隣にいた者は
ロ 兵卒たちは
ハ 側近の臣たちは
ニ 側室の妃《きさき》たちは

③ 夫子之道《ハ》忠《ちゆう》恕《じよ》而《の》已《み》矣。

（□の教えはまごころと思いやりだけだ。）

イ 夫
ロ 妻
ハ 医師
ニ 先生

④ 鮑《はう》叔《しゆくノ》為《リハ》レ人《ト》何《いか》如《ん》。

（鮑叔の□はどのようであるか。）

イ 人柄
ロ 才能
ハ 評判
ニ 長所

本冊（解答・解説）p.32

⑤ 須臾ニシテ十タビ来往ス。

（□十回もひんぱんに行き来する。）

イ 思いがけず
ロ いつのまにか
ハ ゆっくりと
ニ わずかな間に

□

⑥ 見ル㆓孺子ノ将《まさ》ニ㆑入ラント㆓於井《せい》ニ㆒スルヲ㆒。

（□がいまにも井戸に落ちそうになっているのを見た。）

イ 子ども
ロ 息子
ハ 下男
ニ 愚か者

□

⑦ 修メテ㆑己《おのれ》ヲ以《もつ》テ安《やす》ンズ㆓百姓ヲ㆒。

（自己の修養につとめて、□の生活を安定させる政治を行う。）

イ 農夫
ロ 父母
ハ 人民
ニ 自身

□

⑧ 寡人欲ス㆑攻メント㆑斉《せい》ヲ。

（□は斉の国を攻めようと思う。）

イ あなた
ロ 先生
ハ 賢者
ニ 私

□

⑨ 小人間《かん》居《きよ》シテ為ス㆓不善ヲ㆒。

（□はひまにしているとよくないことを考えるものだ。）

イ 子ども
ロ 若者
ハ 貧しい人間
ニ つまらぬ人間

□

⑩ 以テ㆓奇才ヲ㆒任ゼラル㆓丞《じよう》相《しやう》ニ㆒。

（□によって、丞相に任ぜられた。）

イ ふしぎな能力
ロ 面白い人柄
ハ すぐれた才能
ニ 奇妙な才覚

□

⑪ 臣等《ら》不肖ナリ。

（私どもは□です。）

イ　愚か者
ロ　田舎者
ハ　よそ者
ニ　民間人

⑫ 漢ノ所二以滅ビシ一者《は》何ゾ也。

（漢が滅亡した□は何か。）

イ　方法
ロ　理由
ハ　順序
ニ　時代

⑬ 将《まさ》ニスル下奈二社稷ヲ一何セント上。

（□をどうしようとするのか。）

イ　人民
ロ　生活
ハ　国家
ニ　経済

⑭ 不シテ二期年ナラ一、千里ノ馬至ル。

（□、千里の名馬がやってきた。）

イ　思いもかけないときに
ロ　約束をたがえないで
ハ　ちょうど一年たって
ニ　一年もたたないうちに

⑮ 所謂大臣ナル者ハ以テレ道ヲ事《つか》フレ君ニ。

（□大臣たる者は、道によって主君に仕える。）

イ　世に言われている
ロ　世間に認められる
ハ　仮に言ってみれば
ニ　言うまでもないが

⑯ 後《こう》生《せい》可ベシレ畏《おそ》ル。

（□はおそれるべきである。）

イ　生徒たち
ロ　後進の者たち
ハ　来世
ニ　生まれかわり

⑰ 与《と》二長者一期《シテ》後《ルルハ》何《ゾ》也。

（□と約束しておいて遅れるとはどういうことだ。）

イ 大富豪
ロ 年長者
ハ 主君
ニ 高僧

□

⑱ 布衣之《の》交《ハリスラ》尚《なホ》不二相《あヒ》欺《カ》一。

（□のつきあいにおいてさえ、相手を騙《だま》すことはしないものだ。）

イ 僧侶
ロ 武士
ハ 庶民
ニ 貴族

□

⑲ 大丈夫当《まさニ》三掃二除《ス》天下《ヲ》一。

（□天下を掃除すべ《ベシ》きである。）

イ 何の問題もなく
ロ それは不要なので
ハ 体の頑健な者は
ニ 立派な男子たる者は

□

---

⑳ 兵《ハ》非《ズ》二君子《ノ》器《ニ》一。

（□は君子の用いる道具ではない。）

イ 暴力
ロ 武器
ハ 包丁
ニ 農具

□

㉑ 海内《ニ》存《ス》二知《ち》己《き》一。

（□理解し合える友がいる。）

イ この天下のどこかに
ロ 海の中にこそ
ハ 海の向こうの世界に
ニ 自分の身近な場所に

□

㉒ 此《こノ》木以《テ》二不材《ヲ》一、得《う》レ終《フルヲ》二其《そノ》天年《ヲ》一。

（この木は何の役にも立たないので、□を全うすることができた。）

イ 自然
ロ 寿命
ハ 役割
ニ 才能

□

㉓ 二三子、戒《いまし》メヨレ之《これ》ヲ。

（□よ、このことをよくつつしみなさい。）

イ　二、三人の者
ロ　六名の者たち
ハ　子どもたち
ニ　おまえたち

㉔ 為ル二郷党ノ所トレ笑フ。

（□に笑いものにされた。）

イ　凡人
ロ　愚者
ハ　村人
ニ　賢者

㉕ 食客数千人アリ。

（□が数千人もいた。）

イ　飯を食べに来る客
ロ　宴席の参列者
ハ　集まった弟子たち
ニ　客分としてかかえた家来

□　□　□

「句法（句形）」の復習69

本冊（解答・解説）p.38

A 再読文字（二度読む字）

本冊（解答・解説）p.38

問 次の各文の傍線部を、Ⅰすべてひらがな（現代仮名づかいでもよい）にして書き下し文にし、Ⅱ現代語訳せよ。

① 未㆓嘗 敗 北㆒。（敗北＝サ変動詞）

Ⅰ

Ⅱ

② 将㆑入㆓其 門㆒。

Ⅰ

Ⅱ

③ 若《もシ》 不㆑用《ンバ》、用《もちヒ》 当㆑殺㆑之。（不用＝その者を登用しないなら）

Ⅰ

Ⅱ

④ 応㆑知㆓故《こ》 郷《きやう》 事㆒。

Ⅰ

Ⅱ

⑤ 為《なスニハ》㆑事《ヲ》、須㆑慎㆑始。（始＝最初）

Ⅰ

Ⅱ

⑥ 宜レ従二師 之 言一。（師＝先生）

Ⅰ

Ⅱ

⑦ 仁ノ勝ツハ二不仁ニ一、猶二水《みづ》勝レ火。

Ⅰ

Ⅱ

⑧ 子《し》盍レ行二仁 政一。（子＝あなた。仁政＝思いやりの政治）

Ⅰ

Ⅱ

B 置き字（読まない字）

本冊（解答・解説）p.40

問 次の各文の□に、「而」「於」「矣」のうち、適当なものを入れよ。

① 過《あやま》チテ a 不レ改メ、是《これ》ヲ謂《い》フレ過チト b 。（過ちを犯して改めない、これを本当の過ちというのだ。）

② 良 薬ハ 苦《にが》ケレドモ二 c 口ニ一 d 利《リ》アリ二 e 病《やまひ》ニ一。（よい薬は口には苦いが、病気にはよくきく。）

③ 青《あを》ハ取リテ二之《これ》ヲ f 藍《あゐ》ヨリ一 g 青シ二 h 藍ヨリモ一。（青い染料は藍からとって、藍よりもずっと青い。）

④ 温《たづ》ネテレ故《ふる》キヲ i 知ラバレ新シキヲ、可ベシ二以《もつ》テ為《な》ルレ師ト一 j 。（古いことを学び尋ねてそこから新しいことを見出す、そういう人が師となるにふさわしい。）

a □ b □

c □ d □ e □

f □ g □ h □

i □ j □

C 否定・不可能・禁止形

本冊(解答・解説) p.41

問 次の各文の傍線部の、Ⅰ書き下し文、Ⅱ現代語訳として最も適当なものを、各群のイ～ニのうちからそれぞれ一つずつ選べ。

① 無レ不レ知レ愛ニ其 親一。

Ⅰ
イ 其の親を愛するを知ること無かれ
ロ 其の親を愛するを知らざるは無し
ハ 其の親を愛するを知らざるなり
ニ 其の親を愛せざるを知るもの無し

Ⅱ
イ 自分の親を愛することを知らない者はいない
ロ 自分の親を愛することを知っている者はいない
ハ 自分の親を愛していないとは知らなかった
ニ 自分の親とはいえ愛してはいけない

Ⅰ □　Ⅱ □

② 不ニ敢 不レ告 也。

Ⅰ
イ 敢へて告げざるにあらざるなり
ロ 敢へて告げざらざるなり
ハ 敢へて告げざるべからざるなり
ニ 敢へて告げずんばあらざるなり

Ⅱ
イ 決して告げるわけにはいかない
ロ 告げないわけにはいかない
ハ 告げないというわけではない
ニ 告げなかったことはない

Ⅰ □　Ⅱ □

③ 材 木ハ 不レ可ニ勝 用一。

Ⅰ
イ 勝《か》ちて用ふべからず
ロ 勝《まさ》りて用ふべからず
ハ 勝《あ》げて用ふべからず
ニ 勝《た》へて用ふべからず

Ⅱ
イ 決して用いてはいけない
ロ 全部使いきってはいけない
ハ すべて用いることはできない
ニ 使いきれないほど多い

Ⅰ □　Ⅱ □

④ 父母之《の》喪《も》ハ無㆓貴賤㆒一也。

Ⅰ
イ 貴賤と無く一《いつ》なり
ロ 貴賤なるもの無きは一《いち》なり
ハ 貴賤無く一《ひと》つにするなり
ニ 貴賤無きは一《はじ》めなり

Ⅱ
イ 身分の上下がないことが第一である
ロ 身分の上下の別なく同じである
ハ 身分の上下なくいっしょに行うものだ
ニ 身分の上下を言わないことが最初である

Ⅰ □　Ⅱ □

⑤ 勇者不㆓必有㆒㆑仁。（仁＝思いやりの心）

Ⅰ
イ 必ず仁有らず
ロ 必ずや仁有らざらん
ハ 必ずしも仁有らんとす
ニ 必ずしも仁有らず

Ⅱ
イ 必ず仁があるとは限らない
ロ 必ず仁がない
ハ きっと仁はないであろう
ニ 必ずしも仁がないわけではない

Ⅰ □　Ⅱ □

問 次の各文の傍線部を、Ⅰ書き下し文にして、Ⅱ現代語訳せよ。

⑥ 土《と》佐《さ》ノ国ハ無㆓物不㆒㆑有。

Ⅰ □　Ⅱ □

⑦ 不ル㆑為《な》サ也、非㆑不㆑能也。

Ⅰ □　Ⅱ □

⑧ 父母之《の》年ハ不㆑可㆑不㆑知也。

Ⅰ □　Ⅱ □

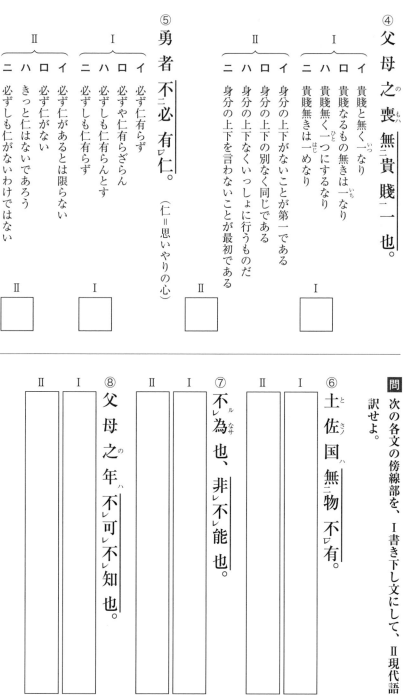

⑨ 勿レ説《とクコト》ニ己《おのれノ》長《ヲ》一、勿レ難ニ人短一。
（長＝長所。難＝なんズ。非難する）

Ⅰ

Ⅱ

⑩ 兎《うさぎ》不レ可ニ復得一。（得＝つかまえる）

Ⅰ

Ⅱ

D 疑問・反語形

本冊
（解答・解説）
p.45

問 次の各文の傍線部を、現代語訳せよ。

① 可《ケン》レ謂《フ》レ孝《ト》乎。

② 夫《ふう》子《し》何《ゾ》哂《わらフ》レ由《いうヲ》也。
（由＝人名。孔子《こうし》の門人の子路《しろ》）

③ 何《ゾ》患《うれヘン》レ無《キヲ》ニ兄《けい》弟《てい》一乎。

④ 何《ノ》利《カ》之《これ》有《ラン》。

⑤ 今蛇《へび》安《クニカ》在《ル》。

⑥ 未《ダ》レ知《ラ》レ生《ヲ》、焉《クンゾ》知《ラン》レ死《ヲ》。

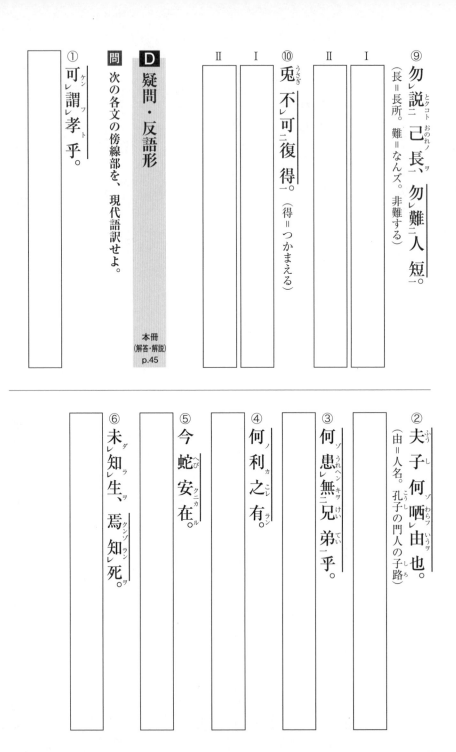

⑦ 豈ニ忘レン二父母之恩ヲ一哉。

⑧ 自《より》レ古《いにしへ》誰カ無カランレ死。

⑨ 孰カ能ク為スレ之ヲ。

⑩ 虞《ぐや》兮虞《ぐや》兮奈レ若《なんぢ》ヲ何セン。

（兮＝置き字）

⑪ 顔《がん》淵《ゑん》ノ為リハレ人ト何如。

（顔淵＝人名。孔子の門人）

⑫ 人生幾何ゾ。

E 使役形

本冊（解答・解説）p.49

問 次の各文の傍線部を、Ⅰ書き下し文にして、Ⅱ現代語訳せよ。

① 王令二人学一レ之。

Ⅰ

Ⅱ

② 秦《しん》王《わう》使三使者告二趙《てう》王一。

（秦・趙＝国名）

Ⅰ

Ⅱ

③ 教二韓《かん》信《しん》反一何ゾ也。

（韓信＝人名。反＝サ変動詞「はんス」。謀反《むほん》をおこす）

Ⅰ

Ⅱ

④ 命二豎《じゅ》子《し》一殺レ雁《がん》。（豎子＝召し使い）

Ⅰ

Ⅱ

⑤ 遣レ将《しゃう》守レ関《くわん》。（将＝将軍。関＝関所）

Ⅰ

Ⅱ

F 受身形

本冊（解答・解説）p.51

問 次の各文の傍線部を、Ⅰ書き下し文にして、Ⅱ現代語訳せよ。

① 信而《ニシテ》見レ疑。（信＝正直）

Ⅰ

Ⅱ

② 且レ見レ禽。（禽＝とりこニス。捕虜にする）

Ⅰ

Ⅱ

③ 君子《ハ》恥《ヂ》レ不《ルヲ》レ能《あたハ》、不レ恥レ不レ見レ用。（用＝もちフ）

Ⅰ

Ⅱ

④ 以《テ》レ多《キヲ》レ財為二盗所一レ害。（盗＝盗賊。害＝がいス。殺す）

Ⅰ

Ⅱ

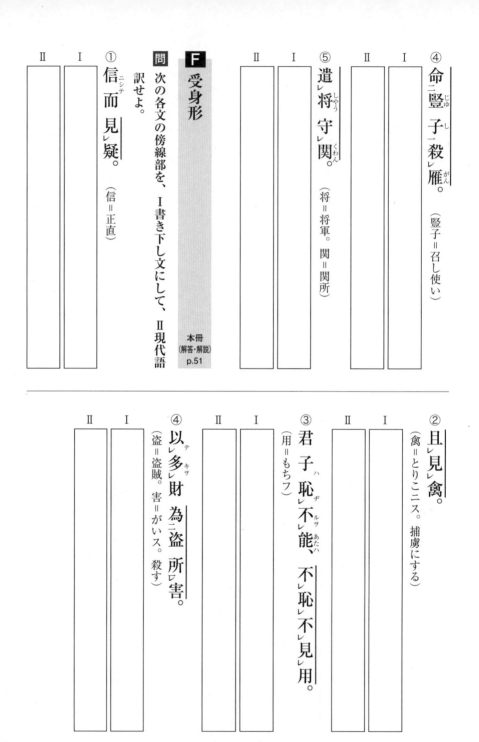

⑤ 欺《あざむク》レ人ヲ者ハ却《かへッテ》為ニ人所レ欺。
（却＝逆に）

Ⅰ

Ⅱ

G 比較・選択形

本冊（解答・解説）p.52

問 次の各文の傍線部を、Ⅰすべてひらがなにして書き下し、Ⅱ現代語訳せよ。

① 百聞ハ不レ如ニ一見一。
（百聞＝百回聞くこと）

Ⅰ

Ⅱ

② 人之所ハレ急ニスル、無レ如ニ其身一。
（急＝大切にする）

Ⅰ

Ⅱ

③ 楽シミ、莫レ大レ焉。

Ⅰ

Ⅱ

問 次の各文の傍線部を、現代語訳せよ。

④ 与リハニ人刃センレ我ヲ、寧ロ自刃セン。
（刃＝殺す）

⑤ 漢ハ孰いニ与ブレゾ我ノ大ナルニ一。
（漢＝国名。我＝我が国）

H 仮定形

本冊（解答・解説）p.54

問 次の各文の傍線部を、Ⅰすべてひらがな（現代仮名づかいでもよい）にして書き下し、Ⅱ現代語訳せよ。

① 縦我不レ行、子シ来タレ。

Ⅰ

Ⅱ

② 国雖レ大、好メバレ戦ヒヲ必ズ亡《ほろ》ブ。（大＝だいナリ）

Ⅰ

Ⅱ

③ 微二孔《こう》孟《まう》一、王道不ランレ興《おこ》ラ。（孔孟＝孔子と孟子《もうし》）

Ⅰ

Ⅱ

I 抑揚・累加形

本冊（解答・解説）p.55

問 次の各文の傍線部の、Ⅰ書き下し文、Ⅱ現代語訳として最も適当なものを、各群のイ〜ニのうちからそれぞれ一つずつ選べ。

① 天地スラ尚《なほ》不レ能ハ久《ひさ》シクスル、況於レ人乎。（久＝永遠である）

Ⅰ
イ いはんや人に於いてか
ロ いはんや人に於けるかな
ハ いはんや人に於いてをや
ニ いはんや人に於いてせんや

Ⅱ
イ まして人間ならどうするだろうか
ロ まして人間であればなおさらだ
ハ やはり人によるのだなあ
ニ やはり人によるのだろうか

Ⅰ　Ⅱ

② 禽《きん》獣《じう》且知レ恩、人安《いづクンゾ》不ランレ知ラレ恩ヲ哉。

Ⅰ
イ 禽獣はしばらく恩を知る
ロ 禽獣まさに恩を知らんとす
ハ 禽獣はかつ恩を知る
ニ 禽獣すらかつ恩を知る

Ⅱ
イ 鳥やけものでさえ恩を知っている
ロ 鳥やけものはいくらかは恩を知る
ハ 鳥やけものも恩を知ろうとする
ニ 鳥やけものはみな恩を知っている

Ⅰ □　Ⅱ □

③ 不二唯忘レ帰、可シ二以テ終フレ老ヲ。
（可以終老＝晩年をすごすにはよいところだ）

Ⅰ
イ 唯《た》だには帰るを忘れず
ロ 唯だに帰るを忘るるのみならず
ハ 唯だに帰るを忘れざるのみ
ニ 唯だに帰ることのみを忘れず

Ⅱ
イ ただ帰るのを忘れないだけで
ロ ただ帰るのを忘れるだけでなく
ハ ただ帰ることだけは忘れず
ニ ただ帰ることは忘れないで

Ⅰ □　Ⅱ □

---

④ 非二徒無レ益、又害スレ之ヲ。
（又害之＝その上害まで与えている）

Ⅰ
イ 徒《た》だに益無きのみに非ず
ロ 徒だに益無きに非ざれば
ハ 徒だ益無きに非ざるのみならず
ニ 徒《いたづ》らに益無きに非ざるのみ

Ⅱ
イ ただ益がないわけではなく
ロ ただ益がないだけのことであって
ハ ただ益がないのでなければ
ニ ただ益がないだけでなく

Ⅰ □　Ⅱ □

⑤ 豈惟怠レ之、盗ムレ之ヲ。（盗＝その上盗んでさえいる）

Ⅰ
イ 豈《あ》に惟《た》だに之を怠るのみか
ロ 豈に惟だに之を怠るのみならんや
ハ 豈に惟だに之を怠りて
ニ 豈に惟だに之を怠るのみならず

Ⅱ
イ どうしてただ怠けていてはいけないのか
ロ どうしてただ怠けるだけでよかろうか
ハ どうしてただ怠けたというだけで
ニ どうしてただ怠けるだけであろうか

Ⅰ □　Ⅱ □

⑥ 何独丘《きう》哉。 （丘＝孔子の名）

Ⅰ
イ 何ぞ独り丘のみか
ロ 何ぞ独り丘あらんや
ハ 何ぞ独り丘か
ニ 何ぞ独り丘のみならんや

Ⅱ
イ どうして丘だけなのか
ロ どうしてただ丘がいるのか
ハ どうしてただ丘だけであろうか
ニ どうしてただ丘なのか

Ⅰ □ Ⅱ □

J 願望形

問 次の各文を、現代語訳せよ。

本冊（解答・解説）p.57

① 願ハクハ大王急ギ渡レ。

② 請フ以テレ戦ヒヲ喩《たとへ》ン。 （戦＝戦争の話）

③ 王庶幾《こひねが》ハクハ改メヨレ之ヲ。

④ 庶《こひねが》ハクハ免レンレ為ルヲ二人ノ所一レ笑フ。

K 比況形

本冊（解答・解説）p.58

問 次の各文の傍線部を、Ⅰ書き下し文にして、Ⅱ現代語訳せよ。

① 人生ハ如二朝《てう》露《ろ》一。

Ⅰ

Ⅱ

② 治ムルハ二大国ヲ一若レ烹二小鮮一。（烹＝煮る。小鮮＝小魚）

Ⅰ

Ⅱ

L 詠嘆形

本冊（解答・解説）p.59

問 次の各文の傍線部を、現代語訳せよ。

① 宜《むべ》ナル乎、百《ひやく》姓《せい》之《の》疑フヤレ我ヲ。（百姓＝人民）

② 何ゾ志《こころざし》之小ナル也。

③ 豈ニ不レ悲シカラ哉。

④ 豈ニ非ズレ可キニレ惜シム哉。

⑤ 不二亦楽シカラ一乎。

基礎編

4 返り点を付ける問題24

本冊（解答・解説）p.60

A 漢字かなまじりの読み方が与えてある形

本冊（解答・解説）p.61

問 次の書き下し文に従って、あとの漢文に返り点を付けよ。（送り仮名は不要）

① 人皆人に忍びざるの心有り。
（人には皆人の不幸を黙って見ていられない心がある。）

不 人皆有不忍人之心。

② 虎穴《こけつ》に入《い》らずんば、虎子《こじ》を得ず。
（虎の穴に入らなければ、虎の子は得られない。）

不入虎穴、不得虎子。

③ 身を立て道を行ひ、名を後世に揚《あ》ぐ。
（立身し、正しい道を行って、名声を後の世に残す。）

立身行道、揚名於後世。

④ 君子は言《げん》を以《もっ》て人を挙《あ》げず。
（君子は言葉だけで人を登用したりしない。）

君子不以言挙人。

⑤ 不死《ふし》の薬を荊王《けいわう》に献ずる者有り。
（不死の薬を荊王に献上する者がいた。）

有献不死之薬於荊王者。

⑥君子は言に訥《とつ》にして行ひに敏《びん》ならんと欲す。
（君子は言葉は下手でも行いには機敏であろうとするものだ。）

君子欲訥於言而敏於行。

⑦諸君をして天の我を亡《ほろ》ぼすにして戦ひの罪に非ざるを知らしめん。
（諸君に、天が私を滅ぼしたのであって、私の戦い方が悪かったのでないことをわからせてやろう。）

令諸君知天亡我非戦之罪。

⑧大丈夫《だいぢやうふ》当《まさ》に天下を掃除すべし。
（立派な男子たるものは、当然天下を掃除すべきである。）

大丈夫当掃除天下。

B すべてひらがなの読み方が与えてある形

本冊（解答・解説）p.64

問 次の読み方に従って、あとの漢文に返り点を付けよ。（送り仮名は不要）

①なんぢのひとをしてわれをしらしめしをうらむのみ。
（おまえが人に私のことを知らせたのを恨むのだ。）

恨汝使人知我耳。

②しうしやありといへどもこれにのることなし。
（舟や車があっても、乗ることはない。）

雖有舟車無乗之。

③ぜんのせうなるをもつてこれをなさざることなかれ。
（その善がささいなことであるからといって、それをしないのはいけない。）

勿以善小不為之。

④てんまさにふうしをもつてぼくたくとなさんとす。
（天はまさに先生（＝孔子《こうし》）を天下の指導者にしようとしているのだ。）

天将以夫子為木鐸。

⑤たらざるところあれば、あへてつとめずんばあらず。
（自分に足りないところがあれば、努力しなければならない。）

有所不足、不敢不勉。

⑥よくしよもつをやくも、たみのくちをふうずるあたはず。
（書物を焼くことはできても、人民の口をふさぐことはできない。）

能焚書物、不能封民口。

⑦いまだかつてなんぢのせんこのきしやあるをきかず。
（まだ今まで一度もおまえの先祖に高貴なものがいたと聞いたことがない。）

未嘗聞汝先古之有貴者。

---

⑧あにせうをもつてしゆうをうつのりたるをしらざらんや。
（どうしてわずかな兵力で大軍を撃つことのほうが利があると知らなかったであろうか。）

豈不知以少撃衆為利哉。

C 意味（訳）が与えてある形

本冊（解答・解説）p.66

問 次の意味に取れるように読むための返り点を、あとの漢文に付けよ。（送り仮名は不要）

①子が養おうと思っても、親は待っていてはくれない。

子欲養而親不待。

②老いがいまにもやってこようとしているのに気づかない。

不知老之将至。

③先生の教えをうれしく思わないわけではない。

非不説子之道。

④どうしてこれからの人（＝来者）が今（の自分）に及ばないとわかろうか、いや、わからない。

焉知来者之不如今也。

⑤桓魋《かんたい》ごときがそもそも私をどうできようか、いや、どうもできない。

桓魋其如予何。

⑥先手をとれば人を抑《おさ》え、おくれをとれば人に抑えられる。

先則制人、後則為人所制。

---

⑦菅公《かんこう》（＝菅原道真《すがわらのみちざね》）のような賢人でさえ、なお権力を恋う心がないということができないのだ。

以菅公之賢猶不能無恋権之意。

⑧ただ我が身においてのみ益があるわけではない。

非直於身有益。

演習編

『稽神録《けいしんろく》』

◆次の文章を読んで、後の問いに答えよ。設問の都合で返り点、送り仮名を省いたところがある。（配点50）

新(注1)安ノ人閻《えん》(注2)居《きよ》敬《けい》、A所レ居ル為ル二山水ノ所ト一レ浸ス。恐二屋ノ壊レンコトヲ一移二B
(注3)榻《たふ》於戸外一而寝。夢ミル二一(注4)烏《う》衣《い》ノ人一ヲ曰ハク、「君避ケテレ水ヲ在リレ此ニ、
我モ亦タ避ケテレ水ヲ至ルレ此ニ。於イテレ君ニ何ヲカ害《そこな》ヒテ而迫《せ》(注5)二迮《ま》ルコト我ニ一如クナルヤレ是クノ。C不快ナルコト
甚シト矣。」居敬寤《さ》メ、(ア)不レ測ラ二其ノ故ヲ一。爾《こ》ノ夕《ゆふべ》三タビ夢ミル。居敬曰ハク、
D「豈吾《われ》不当止此耶。」因リテ命ジテ移サシムルニレ牀《しやう》(注6)ヲ、乃チ牀脚斜メニ圧ス二

本冊（解答・解説）p.72

一亀ヲ於戸(注7)限ノ外ニ一。(イ)放テバレ之ヲ乃チ去ル。

（徐鉉《じょげん》『稽神録』による）

注

1 新安――地名。現在の河南省洛陽市の西。
2 閻居敬――人名。
3 榻――長いす兼用の細長い寝台。
4 一烏衣人――ひとりの黒い服を着た人。
5 迫‐迮――虐げる。おびやかす。
6 牀――ここでは「榻」と同じ。
7 戸限――敷居。

問1　傍線部(ア)「測」・(イ)「放」のそれぞれの本文中の意味を二字の熟語で言い表すとすれば、どれが最も適当か。次の各群の①〜⑤のうちから、それぞれ一つずつ選べ。

(ア)「測」
① 実測
② 測定
③ 推測
④ 目測
⑤ 計測

(イ)「放」
① 追放
② 解放
③ 放棄
④ 放置
⑤ 放任

(ア)
(イ)

問2 **傍線部A「所レ居ル為ル二山水ノ所トレ浸ス」の解釈として最も適当なものを、次の①～⑤のうちから一つ選べ。**

① 住んでいるところが山から湧《わ》き出てくる水の流れのほとりにあった。
② 住んでいるところが山から流れてきた水によって水浸しにされてしまった。
③ 住んでいるところが山から流れてきた大水で水没してしまった場所であった。
④ 住んでいるところは山の中で、湧き水のあふれ出てくる場所が近くにあった。
⑤ 住んでいるところは山の中で、湧き出した水によって水浸しになっていた。

□

問3 傍線部B「移二榻於戸外一而寝」を返り点に従って読み下すとどうなるか。最も適当なものを、次の①～⑤のうちから一つ選べ。

① 榻《たふ》を戸外より移して寝《い》ねたり。
② 戸外より榻を移して寝ねたり。
③ 榻を戸外に移して寝ねたり。
④ 戸外に寝ねて榻を移したり。
⑤ 榻を移して戸外に於いて寝ねたり。

問4 傍線部C「不快甚矣」とあるが、その理由を具体的に述べたのは本文中のどの部分か。最も適当なものを、次の①～⑤のうちから一つ選べ。

① 所レ居ル為ル二山水ノ所トレ浸ス。

② 我モ亦タ避ケテレ水ヲ至ルレ此ニ。

③ 居敬寤《さ》メ、不レ測ラ二其ノ故ヲ一。

④ 爾《こ》ノ夕《ゆふべ》三タビ夢ミル。

⑤ 牀脚斜メニ圧ス二一亀ヲ於戸限ノ外ニ一。

□

問5　傍線部D「豈 吾《われ》 不 当 止 此 耶」は「豈に吾当に此に止《とど》まるべからざるか（私はここに止《とど》まっていてはいけないのではなかろうか）」と読む。どのように返り点をつけるのがよいか。最も適当なものを、次の①～⑤のうちから一つ選べ。

① 豈 吾 不㆑当㆑止㆑此 耶
② 豈 吾 不㆑当㆓止 此㆒耶
③ 豈㆔吾 不㆓当 止㆒㆑此 耶
④ 豈 吾 不㆓当㆑止 此㆒耶
⑤ 豈㆓吾 不㆑当 止㆒㆑此 耶

問6　本文の内容に合致するものを、次の①〜⑤のうちから一つ選べ。

① 闍居敬の家が水害で壊れて、飼っていた亀が家具と敷居の間に挟まれて身動きがとれなくなったため、神が亀を助けに現れた。

② 闍居敬の夢の中に黒い服を着た人が現れて、飼っていた大事な亀が闍居敬のもとに逃げて行ったので返してほしいと訴えた。

③ 闍居敬が水害で寝台と敷居の間に挟まれて身動きがとれなくなったため、かつて闍居敬に恩を受けた亀が姿を変えて助けに現れた。

④ 一匹の亀が闍居敬の寝台と敷居の間に挟まれて身動きがとれなくなったため、闍居敬の夢の中に姿を変えて現れ窮状を訴えた。

⑤ 一匹の亀がかつて住処《すみか》が水浸しになって苦しんでいた時に闍居敬に助けられたため、その恩返しをしようと闍居敬の夢に現れた。

□

（センター試験　国語Ⅰ）

演習編 2

『春渚紀聞《しゅんしょきぶん》』

◆次の文章を読んで、後の問いに答えよ。設問の都合で送り仮名を省いたところがある。（配点50）

東《とう》(注1)坡《ば》先生初メテ官タルノ二鳳《ほう》(注2)翔《しやう》ニ一日、遇フ二一老僧ニ一。謂ヒテレⓐ之ニ曰ハク、「我ニ有リテ二煅《たん》(注3)法《はふ》一、欲ス二以テ相ヒ授ケント一。幸《ねが》ハクハ少《しばら》ク憩ヘト二我ガ廬《いほり》ニ一也。」坡《は》(注4)語リテレ僧ニ曰ハク、「聞ケリレ之ヲ、太(注5)守ノ陳(注6)公嘗《かつ》テ求ムルモ而不レ与ヘ。A我固《もと》ヨリ無キニレ欲スル、乃チ以テ見ラルルハレ授ケ、何ゾ也ト。」僧曰ハク、「我自ラ度《はか》ル二老死ノ無キヲレ日。而《しか》ルニ法トシテ(ア)当ニシレ伝フレ人ニ。然レドモ為スレ之ヲ者ハ、多ク因リテ致スレ禍ヲ。B非ズレ公ニ(注7)無シ二可キレ授ク者一。

本冊（解答・解説）p.78

但ダ勿カレト三妄《みだ》リニ伝フル二貪《たん》(注8)人《じん》ニ一耳。」後ニ陳公知リテ二坡ノⓑ得ルヲレ之ヲ、懇求スルコト甚ダ力《つと》メ、度ル(イ)レ不ルヲレ可カラレ不ルレ与ヘ。陳得テ而為シレ之ヲ、不シテレ久シカラ、C果シテ敗リテレ官ヲ而帰ル。

(何薳《かえん》『春渚紀聞』による)

注

1 東坡——人名。北宋の文人蘇軾《そしょく》のこと。
2 鳳翔——地名。
3 煅法——不老長寿の薬を作る方法。
4 坡——東坡を指す。
5 太守——郡の長官。
6 陳公——人名。
7 公——相手に対する敬称。
8 貪人——欲の深い人。

問1　傍線部ⓐ「之」・ⓑ「之」の指示内容の組合せとして最も適当なものを、次の①～⑥のうちから一つ選べ。

① ⓐ……老僧　ⓑ……煆法
② ⓐ……老僧　ⓑ……官
③ ⓐ……東坡　ⓑ……煆法
④ ⓐ……東坡　ⓑ……官
⑤ ⓐ……陳公　ⓑ……煆法
⑥ ⓐ……陳公　ⓑ……官

□

問2 **波線部(ア)「当ニシレ伝フレ人ニ」・(イ)「不ルヲレ可カラレ不ルレ与ヘ」の解釈として最も適当なものを、次の各群の①～⑤のうちから、それぞれ一つずつ選べ。**

(ア) 「当レ伝レ人」

① 誰《だれ》かに伝えておくこともできる
② 誰かに伝えてくれないだろうか
③ 誰かに伝えようとしたところだ
④ 誰かに伝えておかねばならない
⑤ 誰かに伝えておくかもしれない

(イ) 「不レ可レ不レ与」

① 与えないこともないというように
② 与えないわけにはいかないように
③ 決して与えてはならないように
④ 全く与えるつもりはないように
⑤ 与えたくてしかたがないように

(ア)	(イ)

問3　傍線部A「我固《もとヨリ》無《キニ》レ欲《スル》、乃《チ》以《テ》見《らルルハ》レ授《ケ》、何《ゾ》也《やト》」の解釈として最も適当なものを、次の①～⑤のうちから一つ選べ。

① 私は煅法を伝えてほしいとはまったく思っていませんが、それなのにお教えいただけるのは、どうしてですか。

② 私の方は煅法を伝えようとはまったく思っていませんが、いまここで教えあおうというのは、どうしてですか。

③ 私はあなたに出会えるとも思っていませんでしたが、お住まいにまでお招きいただけるのは、どうしてですか。

④ 私はこれまで無欲を旨として暮らしてきましたが、それだけで煅法をお教えいただけるのは、どうしてですか。

⑤ 私は自分の煅法を伝えたいとは思ってもいませんが、あなたが教えてもらいたいと願うのは、どうしてですか。

□

問4 傍線部B「非レ公無二可レ授者一」を返り点に従って読み下すとどうなるか。最も適当なものを、次の①～⑤のうちから一つ選べ。

① 公を非として授くを可とする者無し
② 公の非は授くべき者無からんや
③ 公を可とすること無ければ授者に非ず
④ 公に非ざれば授くべき者無し
⑤ 公に非ざれば授者を可とする無かれ

問5 傍線部C「果シテ敗リテレ官ヲ而帰ル」の解釈として最も適当なものを、次の①～⑤のうちから一つ選べ。

① 陳公が願ったとおり、陳公は官職から解放されて故郷に帰ることになった。
② 東坡が予言したとおり、陳公は官職から解放されて故郷に帰ることになった。
③ 東坡が心配したとおり、陳公は官職を失って故郷に帰ることになった。
④ 老僧が画策したとおり、陳公は官職を失って故郷に帰ることになった。
⑤ 老僧が語っていたとおり、陳公は官職を失って故郷に帰ることになった。

□

問6　本文の内容に合致するものを、次の①〜⑥のうちから二つ選べ。ただし、解答の順序は問わない。

① 東坡は煅法を習得する目的で、はるばる鳳翔にまでやってきた。
② 老僧は陳公に煅法を伝えなかったことを、ずっと後悔していた。
③ 老僧は自分の死期が近づいたことを知り、東坡に煅法を伝えた。
④ 老僧は欲の深い人に煅法を伝えないよう、東坡に注意を与えた。
⑤ 陳公は様々な手段を用い、結局老僧から煅法を聞き出した。
⑥ 東坡は老僧との約束を固く守り、誰にも煅法を伝えなかった。

□ □

（センター試験　国語Ⅰ）

演習編

3 『雪《せっ》濤《とう》小《しょう》説《せつ》』

本冊（解答・解説）
p.84

◆次の文章を読んで、後の問いに答えよ。設問の都合で返り点・送り仮名を省いたところがある。（配点50）

楚《そノ》人《ハ》謂《ヒテ》レ虎《とらヲ》為《シ》二老虫《ト》一、姑《こ》(注1)蘇《そノ》人《ハ》謂《ヒテ》レ鼠《ねずみヲ》為《ス》二老虫《ト》一。余官《シ》二長《ちやう》(注2)洲《しうニ》一、以《テ》レ事《ヲ》至《リ》二婁《ろう》(注3)東《とうニ》一、宿《ス》二郵(注4)館《ニ》一。滅《シ》レ燭《しよくヲ》就《つクニ》レ寝《ニ》、(ア)忽碗《わん》(注5)碟《てふ》砉《けき》(注6)然《トシテ》有《リ》レ声。余問《フ》レ故《ヲ》。閽《こん》(注7)童答《ヘテ》曰《ハク》、「ⓐ老虫《ナリト》。」余《ハ》楚《ノ》人也、(イ)不レ勝二驚(注8)錯《ニ》一曰《ハク》、「A城中安得レ有二此獣一。」童曰《ハク》、「非《ズ》二他獣《ニ》一、鼠也《ト》。」余曰《ハク》、「B鼠何名二老虫一。」童謂《フ》「呉《ノ》

俗ニ相ヒ伝フルコト爾《しか》ルト耳。」嗟《あ》嗟《あ》、鼠冒《をか》シ㆓老虫之名ヲ㆒、至使余驚錯欲走。良《まこと》ニ足レリ㆑発スルニ㆑笑ヒヲ。然ルニ今天下ニ冒シ㆓虚名ヲ㆒駭《おどろ》カス㆓俗耳ヲ㆒者、不㆑少ナカラ矣。聆《き》ケバ㆓其ノ名ヲ㆒、赫《かく》(注9)然喧《けん》然タルコト、無キ㆑異ナル㆓于老虫ニ㆒也。徐《おもむ》ロニ而叩(注10)ケバ㆑所ヲ㆑挟《さしはさ》ム、止《ただ》ダ鼠《そ》(注11)技ナル耳。

(江盈科《こうえいか》『雪濤小説』による)

注
1 姑蘇――呉地方の古いみやこ。ここでは広く呉地方を指す。
2 長洲――呉地方に属する県の名。
3 婁東――呉地方に属する町の名。
4 郵館――宿屋。
5 碗碟――食器。
6 砉然――がたがたと音を立てるさま。

7　闇童——門番の少年。
8　驚錯——驚きうろたえること。
9　赫然喧然——勢いさかんでひびきわたっていること。
10　叩レ所レ挟——その力量を試してみると。
11　鼠技——鼠程度の力量。

問1　傍線部(ア)「忽」・(イ)「不レ勝」の読み方として最も適当なものを、次の各群の①～⑤のうちから、それぞれ一つずつ選べ。

(ア)「忽」
① すなはち
② たちまち
③ ゆるがせに
④ かすかに
⑤ むしろ

(イ)「不レ勝」
① たへずして
② かたずして
③ まさらずして
④ すぎずして
⑤ すぐれずして

(ア)	(イ)

問2　波線部ⓐ～ⓒの「老虫」はそれぞれ鼠と虎のどちらを指しているか。その組合せとして最も適当なものを、次の①～⑥のうちから一つ選べ。

①　ⓐ　鼠　ⓑ　鼠　ⓒ　虎
②　ⓐ　虎　ⓑ　鼠　ⓒ　虎
③　ⓐ　虎　ⓑ　鼠　ⓒ　鼠
④　ⓐ　虎　ⓑ　虎　ⓒ　鼠
⑤　ⓐ　鼠　ⓑ　虎　ⓒ　虎
⑥　ⓐ　鼠　ⓑ　虎　ⓒ　鼠

問3 傍線部A「城中安得レ有二此獣一」・B「鼠何名二老虫一」の解釈として最も適当なものを、次の各群の①〜⑤のうちから、それぞれ一つずつ選べ。

A 城中安得レ有二此獣一

① まちに虎がいて安全といえるのだろうか
② とりでは安全なので鼠が多いのだろうか
③ まちに虎がいるはずがないではないか
④ とりでにどうして虎がいるのだろうか
⑤ まちに鼠がいるのは当然ではないか

B 鼠何名二老虫一

① 鼠をどうして老虫と名づけないのか
② 鼠がなぜ老虫と名のっているのか
③ 鼠を老虫と名づけてはいけない
④ 鼠の何が老虫にふさわしいのか
⑤ 鼠をどうして老虫と言うのか

A	B

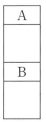

問４　**傍線部Ｃ「至 使 余 驚 錯 欲 走」の返り点の付け方と書き下し文の組合せとして最も適当なものを、次の①～⑤のうちから一つ選べ。**

① 至㆘使㆓余 驚 錯㆒欲㆖走　　余をして驚錯せしめ走《に》げんと欲するに至る

② 至㆑使㆓余 驚 錯 欲㆒㆑走　　余をして驚錯して走げんと欲せしむるに至る

③ 至㆑使㆓余 驚 錯㆒欲㆑走　　余をして驚錯せしむるに至り走げんと欲す

④ 至㆘使㆓余 驚 錯㆒欲㆖走　　余をして驚錯せしめ走げんと欲せしむるに至る

⑤ 至㆑使㆓余 驚 錯 欲㆒走　　余をして驚錯せんと欲せしむるに至りて走ぐ

問5 傍線部Ｄ「冒二虚名一駭二俗耳一者」は政府の高官や軍の大将などについて言っているのであるが、どのような人物をいうか。最も適当なものを、次の①～⑤のうちから一つ選べ。

① 肩書きは立派だが、中身はたいしたことのない人物。
② 他人を非難するばかりで、自分をかえりみない人物。
③ 大口をたたくわりに、成果をあげられない人物。
④ 清廉潔白をよそおいながら、利権を要求する人物。
⑤ 大声で号令をかけるだけで、自分は何もしない人物。

□

（センター試験　改）

4 『西畬瑣録《せいよさろく》』

◆次の文章を読んで、後の問いに答えよ。設問の都合で返り点・送り仮名を省いたところがある。（配点50）

A 有蛇螫殺人、為冥《めい》（注1）官《くわん》所追（注2）議、法当死。蛇前《すすみ》訴《ヘテ》曰《ハク》、「B 誠《ニ》有《リ》レ罪、然《レドモ》亦《タ》有《リ》レ功、可《シト》二以《テ》自《ラ》贖《あがなフ》一。」冥官曰《ハク》、「何《ノ》功《ナル》也《かト》。」蛇曰《ハク》、「某《それがし》《ニ》有《リ》レ黄、可《シ》レ治《ス》レ病《ヲ》、所レ活《いカス》已《ニ》数人《ナリト》矣。」吏考（注3）験《スルニ》、固《ヨリ》不《レバ》レ誣《しヒ》（注4）、遂《ニ》[X]。良《やや》久《シク》《シテ》、牽《ひキテ》二一牛《ヲ》一至《ル》。獄吏曰《ハク》、「此《ノ》牛触《つキテ》殺《ス》レ人《ヲ》。亦《タ》当《タルト》レ死《ニ》。」牛曰《ハク》、「我《モ》亦《タ》有《リ》レ

本冊（解答・解説）p.90

黄、可シ二以テ治スレ病ヲ、亦タ活カスト二数人ヲ一矣。」良久シクシテ、亦タ［X］。久シクシテレ之ヲ、獄吏引キテ二一人ヲ一至ル。曰ハク、「此ノ人生クルトキ常《かつ》テ殺スモレ人ヲ、幸ヒニシテ免ルレ死ヲ。今当ニ還シトレ(注5)命ヲ。」其ノ人倉皇《さうくわう》(注6)トシテ妄《みだ》リニ言フ二亦タ有リトレ黄。C冥官大イニ怒リ、詰《なじ》リテレ之ヲ曰ハク、「蛇(注7)黄・牛黄皆入ルコトレ薬ニ、天下ノ所ナリ二共ニ知ル一。D汝為レ人、何黄之有。」

（孫宗鑑《そんそうかん》『西畬瑣録』による）

注

1 冥官――冥界の裁判官。古来中国では、死後の世界にも役所があり、冥官が死者の生前の行いによって死後の処遇を決すると考えられていた。
2 追議――死後、生前の罪を裁くこと。
3 考験――取り調べること。
4 誣――欺く。いつわって言う。
5 還レ命――命で償う。

6　倉皇 ―― あわてて。
7　蛇黄・牛黄 ―― ともに薬の名。蛇の腹や牛の肝からとるとされる。

問1　**傍線部A「有 蛇 螫 殺 人、為 冥 官 所 追 議、法 当 死」の返り点の付け方と書き下し文との組合せとして最も適当なものを、次の①～⑤のうちから一つ選べ。**

① 有レ蛇 螫 殺レ人、為三冥 官 所二追 議一、法 当レ死
蛇有りて螫《か》みて人を殺し、冥官の追議する所と為《な》り、法は死に当たる

② 有レ蛇 螫 殺レ人、為二冥 官 所 追 議一、法レ当レ死
蛇有りて螫みて人を殺さんとし、冥官の所に追議を為すは、死に当たるに法《のっと》る

③ 有レ蛇 螫 殺 人、為二冥 官一所二追 議一、法レ当レ死
蛇有りて螫まれ殺されし人、冥官と為りて追議する所は、死に当たるに法る

④ 有二蛇 螫一殺 人、為三冥 官 所二追 議一、法レ当レ死
蛇の螫むこと有らば殺す人、冥官の追議する所の為《ため》に、死に当たるに法る

⑤ 有レ蛇 螫 殺 人、為 冥 官 所二追 議一、法 当レ死
蛇有りて螫まれ殺されし人、為に冥官の追議する所にして、法は死に当たる

問2　傍線部B「誠有レ罪、然亦有レ功、可二以自贖一」の解釈として最も適当なものを、次の①～⑤のうちから一つ選べ。

① 実際には罪がありますので、またすぐれた仕事をして自分で罪を帳消しにすべきなのです。
② たしかに罪はあるのですが、私には功績もあって自分自身で罪を償うことができます。
③ 結局は罪があるのですが、仕事の腕前によっておのずと罪は埋め合わされるのです。
④ もし罪があったとしても、当然私の功名によって自然と罪が許されるようになるはずです。
⑤ 本当は罪があるのですが、それでもあなたの功徳によって私の罪をお許しいただきたいのです。

問3　本文中の二箇所の空欄 X にはどちらも同じ語句が入る。その語句を(i)の①～⑤のうちから一つ選べ。また、(i)の解答をふまえて、本文から読み取れる蛇と牛に対する冥官の判決理由を説明したものとして最も適当なものを、(ii)の①～⑤のうちから一つ選べ。

(i)　空欄に入る語句

① 得レ免
② 不レ還
③ 有レ功
④ 得レ死
⑤ 治レ病

(ii) 判決理由の説明

① 蛇も牛も、生前人を殺した上に、死後も「黄」によって人を病気から救うことができるとでたらめを言って、反省していない。よって、死罪とする。

② 蛇も牛も、人を殺してきた罪は許しがたい。よって、今後「黄」によって人を救う可能性はあっても、冥界に留め置き罪を償わせることとする。

③ 蛇も牛も、人を殺してきたが、体内の「黄」で将来は人の命を救う可能性は残っている。よって、人の病気を治すことで罪を償わせることとする。

④ 蛇も牛も、人を殺すという重大な罪を犯したが、自らの「黄」によって人を病気から救ってもきた。よって、生前の罪を許すこととする。

⑤ 蛇も牛も、人を殺してきたというのは誤解で、むしろ大勢の人を「黄」によって病から救うという善行を積んできた。よって、無罪とする。

(i)
(ii)

問４　傍線部Ｃ「冥官大怒」とあるが、その理由として最も適当なものを、次の①～⑤のうちから一つ選べ。

① 蛇や牛と同様に人にも「黄」があるので人を殺した罪は許されるはずであると、その人に理路整然と説明され、獄吏の言葉が論破されそうになったことにいらだちを感じたから。

② 蛇も牛も人もみな生前は人を殺していたのに、体内に「黄」があるのを良いことに言い逃ればかりし、全く反省の色が見られないその人の不謹慎な態度が気に障ったから。

③ 生前に人を殺した上に、冥界に連れてこられてからは自分にも蛇や牛のように体内に「黄」が欲しいと、獄吏にわがままばかりを言うその人の態度に我慢がならなかったから。

④ 蛇や牛は体内の「黄」で人を救っているのに、その人は「黄」の用い方を知らずにあいまいなことを言って、人を救わずに殺してばかりいることに憤りを感じたから。

⑤ 生前に人を殺したにもかかわらず、自分の罪を逃れるために、蛇や牛のまねをして自分の体内に「黄」があると、その場しのぎのいい加減なことを言うその人の態度に腹を立てたから。

□

問5 傍線部D「汝 為レ人、何 黄 之 有」の書き下し文として最も適当なものを、次の①～⑤のうちから一つ選べ。

① 汝の人と為《な》り、何《いづ》れの黄の有るや
② 汝は人の為《ため》に、何《なん》ぞ黄の之《こ》れ有らん
③ 汝は人為《た》り、何《なん》の黄か之《こ》れ有らん
④ 汝は人を為《つく》りて、何《なに》をか黄の有るや
⑤ 汝の人を為《をさ》むるや、何《いづ》れに黄の之《ゆ》く有るか

□

（センター試験　改）

演習編

5 『金華黄先生文集《きんかこうせんせいぶんしゅう》』

本冊（解答・解説） p.96

◆次の文章を読んで、後の問いに答えよ。設問の都合で送り仮名を省いたところがある。（配点50）

A

遜《トハ》者欲《シテ》二其《ノ》謙退《セント》一而如《クスルナリ》レ有《ルガ》レ所レ不《ル》レ能《ハ》。敏《トハ》者欲《シテ》二其《ノ》進修《セント》一而如《クスルナリ》レ有《ルガ》レ所レ不《ル》レ及《バ》。退《クハ》則《チ》虚《むなシクシテ》而受《ケ》レ人《ニ》、進《ムハ》則《チ》勤《メテ》以《テ》励《マスナリ》レ己《ヲ》。二者《ハ》固(ア)不《ル》レ容《ベカラ》二偏(注1)廃《ス》一也。

孔子《ハ》大聖人而《ナレドモ》不二自《ラハ》聖《トセ》一。故《ニ》曰《ハク》三「我(注2)非《ズト》二生《マレナガラニシテ》而知《ル》レ之《ヲ》者《ニ》一。」可《シ》レ謂《フ》レ X 《ト》矣。然《リ》而《シテ》又《タ》曰《ハク》二「好《ミ》(注3)レ古《いにしヘヲ》、 Y 《ニシテ》以《テ》求《メタル》レ之《ヲ》者《ナリト》一。」B則其求レ之也、曷嘗不レ貴二於敏一乎。他日、与二顔(注4)・曽《そうノ》二子一言《ヒテ》二仁《ト》与《ヲ》レ孝、而二子《ハ》皆自《ラ》謂《フ》レ不《ト》レ敏《ナラ》。其《ノ》遜《ナルコト》(イ)抑‖可《シ》レ見《ル》矣。回之仁・参《しん》之孝《モ》、三千之徒、未《ダ》レ能《ハ》レ或《あル》(注5)二之《ニ》先《さきンズルコト》一焉。C豈《ニ》真《ニ》不《ル》レ敏《ナラ》者《ナラン》乎。

(黄溍《こうしん》『金華黄先生文集』による)

注

1 偏廃 ―― 片方だけ捨てる。

2 我非二生而知レ之者一 ―― 『論語』述而《じゅつじ》篇に見える孔子の言葉。

3 好レ古、[Y]以求レ之者 ―― 『論語』述而篇に見える孔子の言葉。

4 顔・曽 ―― 孔子の弟子である顔回と曽参《そうしん》のこと。

5 或 ―― ここでは「有」に同じ。

問1　二重傍線部(ア)「固」・(イ)「抑」の読み方として最も適当なものを、次の各群の①〜⑤のうちから、それぞれ一つずつ選べ。

(ア)「固」
① すなはち
② もとより
③ いたづらに
④ にはかに
⑤ ほとんど

(イ)「抑」
① こもごも
② たまたま
③ しばしば
④ いよいよ
⑤ そもそも

(ア)
(イ)

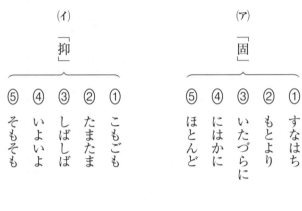

問2　傍線部A「遜者欲㆓其謙退㆒而如㆑有㆑所㆑不㆑能。敏者欲㆓其進修㆒而如㆑有㆑所㆑不㆑及」の解釈として最も適当なものを、次の①〜⑤のうちから一つ選べ。

① 「遜」とは、自分は謙虚でありたいと思うのだが、とうていそれができそうにないと考えることである。「敏」とは、自分は進んで学びたいのだが、そのことを言わないほうがいいようだと考えることである。

② 「遜」とは、自分は謙虚であろうとしているが、なおそれができていないようだと考えることである。「敏」とは、自分は進んで学ぼうとしているが、なおそれが不十分であるようだと考えることである。

③ 「遜」とは、自分は謙虚でありたいと思うのだが、それでは人に対抗できそうにないと考えることである。「敏」とは、自分は進んで学びたいのだが、それでも人に及ばないようだと考えることである。

④ 「遜」とは、自分は謙虚であろうとしているが、時にはそれが不必要なこともあるようだと考えることである。「敏」とは、自分は進んで学ぼうとしているが、時にはそれが無意味であるようだと考えることである。

⑤ 「遜」とは、自分は謙虚であろうとしているが、実際にはその能力が全くないようだと考えることである。「敏」とは、自分は進んで学ぼうとしているが、実際にはその才能が全くないようだと考えることである。

問3　空欄［X］・［Y］に入る語の組合せとして最も適当なものを、次の①〜⑥のうちから一つ選べ。

① X　虚　　Y　励
② X　励　　Y　虚
③ X　遜　　Y　敏
④ X　敏　　Y　遜
⑤ X　聖　　Y　賢
⑥ X　賢　　Y　聖

□

問4　傍線部B「則其求ㇾ之也、曷嘗不ㇾ貴㆓於敏㆒乎」について、(i)書き下し文・(ii)その解釈として最も適当なものを、次の各群の①～⑤のうちから、それぞれ一つずつ選べ。

(i)　書き下し文

① 則ち其の之を求むるなり、曷《なん》ぞ嘗て敏より貴ばざらんや
② 則ち其の之を求むるなり、曷ぞ嘗て敏を貴ばざるや
③ 則ち其の之を求むるや、曷ぞ嘗て敏より貴ばざるや
④ 則ち其の之を求むるや、曷ぞ嘗て敏を貴ばざらんや
⑤ 則ち其の之を求むるや、曷ぞ嘗て敏に貴ばれざらんや

(ii) 解釈

① そうだとすると、孔子が古《いにしえ》の教えを追求するに当たって、どうして「敏」により貴ばれなかったことがあろうか。

② それだからこそ、孔子は古の教えを追求したのであるが、どうして「敏」よりも貴ばなかったことがあろうか。

③ そうだとすると、孔子が古の教えを追求するに当たって、どうして「敏」を貴ばなかったことがあろうか。

④ それだからこそ、孔子は古の教えを追求したのであるが、なぜ「敏」を貴ばなかったのであろうか。

⑤ そうだとすると、孔子が古の教えを追求するに当たって、なぜ「敏」よりも貴ばなかったのであろうか。

(i)	
(ii)	

問5　傍線部Ｃ「豈真不敏者乎」とあるが、筆者がそのように述べる理由の説明として最も適当なものを、次の①〜⑤のうちから一つ選べ。

① 顔回は「仁」に対して、曽参は「孝」に対して、みずからは「敏」でないと言いつつも、実際は他の三千の弟子たちよりも「敏」である態度で取り組んだから。

② 顔回は「仁」に対して、曽参は「孝」に対して、孔子の教えを忠実に守って、実際に他の三千の弟子たち以上に「遜」である態度で取り組んだから。

③ 孔子は、顔回と曽参が「敏」でないため、顔回には「仁」に対して、曽参には「孝」に対して、他の三千の弟子たちよりも「遜」である態度で取り組むように指導したから。

④ 孔子は、顔回には「仁」に対して、曽参には「孝」に対して、他の三千の弟子たちに対するのと同様に「敏」である態度で取り組むよう指導したから。

⑤ 顔回と曽参は、孔子の「古を好む」考えに対しては「遜」であったが、「仁」と「孝」とに対しては他の三千の弟子たちよりも「敏」である態度で取り組んだから。

□

（センター試験　改）

演習編

6

『列子《れっし》』

◆次の文章を読んで、後の問いに答えよ。設問の都合で送り仮名を省いたところがある。　（配点50）

（注1）孟《まう》孫《そん》陽《やう》問《ヒテ》二（注2）楊《やう》子《ニ》一曰《ハク》、「有《リ》レ人二於此《ここニ》一、貴《ビ》レ生《ヲ》愛《シ》レ身《ヲ》、以《テ》求《ム》レ不《ランコトヲ》レ死《セ》。可《ナラン》乎《かト》。」曰《ハク》、「A理《トシテ》無《シト》レ不《ルハ》レ死《セ》。」「以《テ》求《ムルハ》二久《シク》生《キンコトヲ》一、可《ナラン》乎《ト》。」曰《ハク》、「理《トシテ》無《シ》二久《シク》生《クルモノ》一。B生非三貴《ブ》レ之所二能存《スル》一。身《ハ》非《ズ》三愛《シテ》レ之《レヲ》所《ニ》二能《ク》厚《クスル》一。（ア）C且久《シク》生《クルコト》奚《なんゾ》為《サン》。D百年猶厭二其多一、況久生之苦乎《ト》。」

本冊（解答・解説）
p.104

孟孫陽曰《ハク》、「(イ)若然、速《ヤカニ》亡《ブルハ》愈《まさル》二於久《シク》生《クルニ》一。則《チ》践《ふミ》二鋒《ほう》(注3)刃《じんヲ》一、入《レバ》二湯火《ニ》一、得《ント》レ所《ヲ》レ志《ス》矣。」楊子曰《ハク》、「不レ然《ラ》。既《ニ》生《マレテハ》、則《チ》廃《シテ》(注4)而任《セ》レ之《レニ》、究《メテ》二其《ノ》所《ヲ》レ欲《スル》、以《テ》俟《まタン》二於死《ヲ》一。将《ニ》《レバ》レ死《セント》、則《チ》廃《シテ》而任《セ》レ之《レニ》、究《メテ》二其《ノ》所《ヲ》レ之《ゆク》、以《テ》放《いたラン》(注5)二於尽《クルニ》一。無《ク》レ不《ル》レ廃《セ》、無《シ》レ不《ル》レ任《セ》。何-遽《なんゾ》遅二-速《アラン》一於其《ノ》間《ニ》一乎《やト》。」

(『列子』楊朱篇による)

注

1 孟孫陽——人名。楊子の弟子。

2 楊子——戦国時代の人、楊朱。

3 鋒刃——鋭いやいば。

4 廃——作為をくわえないで、そのままにしておく。

5 放——至る。

問1　二重傍線部(ア)「且」・(イ)「若然」の読み方として最も適当なものを、次の各群の①〜⑤のうちから、それぞれ一つずつ選べ。

(ア)「且」
① つひに
② まさに
③ かつ
④ ゆゑに
⑤ しばらく

(イ)「若然」
① もししからば
② なんぢしかるに
③ しかるがごとく
④ なんぢもゆれば
⑤ もしもゆれば

(ア)	(イ)

問2 傍線部A「理無レ不レ死」とはどういう意味か。最も適当なものを、次の①～⑤のうちから一つ選べ。

① 真理は滅びるものではない
② 真理も滅びないものではない
③ 道理として死ぬものはいない
④ 道理として死なないものはない
⑤ 道理なくして死ぬことはできない

問3 傍線部B「生非三貴レ之所二能存一」、D「百年猶厭二其多一、況久生之苦乎」の読み方として最も適当なものはどれか。次の各群の①～⑤のうちから、それぞれ一つずつ選べ。

B 「生非三貴レ之所二能存一」

① 生は之《ゆ》くを貴び能を存する所に非ず。
② 生は之《こ》れを貴んで能く存する所に非ず。
③ 生は之《こ》れ貴ばれて能を存する所に非ず。
④ 生は之《ゆ》くを貴んで能く存する所に非ず。
⑤ 生は之《こ》れ貴ばれて能く存する所に非ず。

D 「百年猶厭二其多一、況久生之苦乎」

① 百年は猶ほ其の多きを厭ふがごとく、況んや久しく生くるの苦しきか。
② 百年は猶ほ其の多きを厭ふ、況んや久しく生くるは之《こ》れ苦しからんや。
③ 百年すら猶ほ其の多きを厭ふ、況んや久しく生くることの苦しきをや。
④ 百年すら猶ほ其の多きを厭ふ、況んや久しく生くることの苦しからんや。
⑤ 百年は猶ほ其の多きを厭ふがごとく、況んや久しく生くることの苦しきをや。

B	D

問４　傍線部Ｃ「久生奚為」と、楊子がここでいっているのはなぜか。最も適当なものを、次の①～⑤のうちから一つ選べ。

① 生きていく苦しみは耐えがたく、またそこには価値も見いだせないのだから、むしろはやく死んだほうが長生きするよりはましだ、と思っているから。

② 人のいのちは短くはかないものであり、それは昔も今も変わらないことなのだから、長生きしようとあくせくするのは愚かな努力にすぎない、と思っているから。

③ 真理は過ぎてゆく時間の上にしか含まれておらず、時がうつろえばすぐに捉《とら》えがたいものとなってしまうので、これ以上生きながらえてもむだだ、と思っているから。

④ 人のいのちというものは、人間自身の意志で左右できるものではないし、百年の寿命でさえ長過ぎるのに、ましていつまでも生きていく苦しみは耐えがたいものだ、と思っているから。

⑤ 長生きしたとしても人々の営みのすべてを追体験できるわけではなく、しかも新しい体験もそこでは見いだされないので、長寿のための努力はむなしいことだ、と思っているから。

問5　本文からうかがえる楊子の主張として、最も適当なものはどれか。次の①〜⑤のうちから一つ選べ。

① 人はこの世の苦しみをいつまでも経験するぐらいなら、むしろ早死にするほうがよいのであり、延命のためのてだてを捨てて、長生きに執着すべきではない。

② 人は生きる苦しみにたじろがず死をも恐れず、禁欲的に自らを律しながら、与えられた生を素直に受け入れて、その結果として穏やかな死を迎えるのがよい。

③ 人はこの世に生まれたからには、身を大切にいたわり命を十分にいとおしんで、不老長寿を求めるのがよいのであり、早死にを願うなどもってのほかである。

④ 人は生の苦しみに打ち勝ち、古今東西のさまざまな体験をわがものとして、日々の生活を充実したものとすべきであって、幸せの到来の速い遅いは問題とすべきではない。

⑤ 人はこの世に生まれたからには、自らに忠実に行動して、余計なはからいを捨て生や死をありのままに受け入れるのがよく、そこでは早死にや長生きなどは問題にならない。

（センター試験　改）

演習編

7

『白香山詩集《はくこうざんししゅう》』

◆次の詩を読んで、後の問いに答えよ。設問の都合で送り仮名を省いたところがある。（配点50）

本冊（解答・解説）p.112

放ツレ鷹《たか》ヲ　　白《はく》居《きょ》易《い》

① 十月鷹出デレ籠《かご》ヲ、　② 草枯レテ雉《ち》兎《と》肥ユ。

③ 下リテレ鞲《こう》ヨリ（注1）随《したが》ヒ二指（注2）顧ニ一、　④ 百擲《てき》シテ（注3）無シ二一 A 一。

⑤ 鷹ノ翅《つばさ》疾《はや》キコト如クレ風ノ、　⑥ 鷹ノ爪《つめ》利《するど》キコト如シレ錐《きり》ノ。

B

⑦ 本為《なり》二鳥ノ所ト一レ設クル、　⑧ 今為ル二人ノ所ト一レ資スル。

C

⑨ 孰能使二之然一、

⑩ 有《リ》二術《ノ》甚《ダ》易《やすキ》レ知《リ》。

⑪ 取《リ》二其《ノ》向（注4）背《ノ》性《ヲ》一、

⑫ 制《スルハ》在《リ》二飢飽《ノ》時《ニ》一。

⑬ 不レ可《カラ》レ使《ム》二長《ク》飽《カ》一、

⑭ 不レ可《カラ》レ使《ム》二長《ク》飢《ヱ》一。

⑮ 飢《ウレバ》則《チ》力不レ足《ラ》、

⑯ 飽《ケバ》則《チ》背《キテ》レ人《ニ》飛《ブ》。

⑰ 乗《ジテ》レ飢《ヱニ》縦《ゆるシ》二搏《はく》（注5）撃《スルヲ》一、

⑱ 未《ダ》《ルトキ》レ飽《カ》須《ク》《シ》二縶《ちふ》（注6）維《ゐス》一。

⑲ 所《ゆ》以《ゑニ》爪《さう》翅《しノ》功《アルモ》、

⑳ 而人坐《ざシテ》収《ム》レ之《ヲ》。

⑳ 聖明《ノ》馭《ぎよスル》二英雄《ヲ》一、

㉒ 其《ノ》術《モ》亦《また》如《シ》レ斯《かクノ》。

D

㉓ 鄙《ひ》語不レ可《カラ》レ棄《すツ》、

㉔ 吾聞《ケリ》二諸《これヲ》猟師《ニ》一。

（『白香山詩集』による）

注

1 鞲——鷹を止まらせるために腕につける革具。
2 指顧——指さし顧みること。指示。
3 擲——投げ放つ。
4 向背性——従順であったり反抗したりする性質。
5 搏撃——襲いかかる。
6 縶維——つなぐ。

問1 この詩の形式名として最も適当なものを、次の①～⑤のうちから一つ選べ。

① 五言絶句　② 七言絶句　③ 五言律詩　④ 七言律詩　⑤ 五言古詩

□

問2 空欄[A]に入る語として最も適当なものを、次の①～⑤のうちから一つ選べ。

① 中　② 遺　③ 敗　④ 至　⑤ 失

□

問3　この詩の中には対句が用いられている。次の組み合わせの中から双方とも対句であるものを選ぶとすれば、どれが最も適当か。次の①～⑤のうちから一つ選べ。

① ①②と⑪⑫　② ⑤⑥と⑮⑯　③ ⑦⑧と⑬⑭　④ ⑬⑭と⑮⑯　⑤ ⑰⑱と㉑㉒

□

問4　傍線部B「本為二鳥所一レ設、今為二人所一レ資」の意味として最も適当なものを、次の①～⑤のうちから一つ選べ。

① 鷹は、もともと獲物を捕る才能を備えており、今も人のために役立っている。
② 小鳥は、もともと鷹が食料としていたものであるが、今では人が食料としている。
③ 雉《きじ》や兎《うさぎ》は、もともと鷹のために天が授けたものであるが、今は人の食料となっている。
④ 翼や爪は、もともと鷹のために付けられているものなのに、今は人に利用されている。
⑤ 鷹狩りは、もともと鷹の訓練のために始められたものであるが、今では人の娯楽となっている。

□

問5　傍線部C「孰 能 使二之 然一」の読み方として最も適当なものを、次の①～⑤のうちから一つ選べ。

① 孰《たれ》ぞ能《よ》く之を然らしめん
② 孰《たれ》の能《のう》か之《ゆ》きて然らしめん
③ 孰《たれ》か能《よ》く之をして然らしめん
④ 孰《いづく》んぞ能《よ》く之を然りとせしめん
⑤ 孰《いづ》れの能《のう》か之をして然らしめん

問6　傍線部D「鄙語不ㇾ可ㇾ棄」とあるが、なぜ作者はこのように言っているのか。最も適当なものを、次の①〜⑤のうちから一つ選べ。

① 単に鷹狩りの話ではあるが、弱肉強食の人間界を風刺しているから。
② 無味乾燥な政治の話ではあるが、純朴な猟師に聞かせても納得したから。
③ 一介の猟師から聞いた話ではあるが、実に動物の習性を研究し尽くしているから。
④ 私のような門外漢の観察記ではあるが、猟師に聞いても間違っていなかったから。
⑤ 猟師から耳にした卑俗な話ではあるが、名君と臣下との関係を示唆しているから。

（センター試験　改）

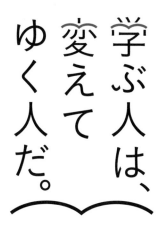

大学入試

全レベル問題集
漢　文

三羽邦美 著

1

基礎レベル

はじめに

「漢文」は、中国の古文です。日本の古文だって苦労しているのに、どうして二十一世紀にそんなものを勉強しなければならないのかと、不平の一つもこぼしたい人もいるでしょう。

ただ、日本人は、昔から中国の古典に親しみ、そこからたくさんのことを学んだり、楽しんだりしてきました。恋愛中心の日本の古典に比べて、『論語』『孟子』『老子』『荘子』『韓非子』などにはいい言葉がたくさんありますし、『史記』『三国志』『十八史略』などの歴史の本には面白い話がたくさんあり、杜甫や李白や白居易などの詩には味わい深いものがたくさんあります。と、まあ、「漢文」はなかなか面白いのですが、この本は問題集ですから、そこはすべて無視しましょう。

受験に必要である以上、点が取れるようになることが目標です。幸い、「漢文」は何が問われているのか、何をとっかかりにして問題を解けばいいのかがわかりやすい問題が多く、準備しなければならない勉強の量も比較的少ない科目です。まずは「基礎レベル」を復習して、必要に応じて、「共通テストレベル」「私大・国公立大レベル」に進みましょう。これだけやりきれば、「漢文」はきっと得点源になります。

三羽邦美

目次

演習編

編集協力 — ㈱友人社／渡井由紀子／木村千春
校正 — ㈱研文社／㈱ことば舎／そらみつ企画／荒明哲子／福岡千穂
装丁デザイン — ㈱ライトパブリシティ
本文デザイン — イイタカデザイン

「全レベル問題集　漢文」シリーズの特長

本シリーズは、レベル別の3巻構成で、目指すレベルに合った入試対策ができる問題集です。自分の目標とするレベルを選んで効率的に学習することができます。また、①基礎レベルからステップアップすれば、基本知識の確認からはじめて、段階的に漢文の力を身につけられます。

問題（**別冊**）

大学入試の過去問から、それぞれのレベルに適した良問を精選しています。基礎力から直前期の実戦力まで、レベルに合わせた力を養います。

解答・解説（**本冊**）

「何が問われているのか」の着眼ポイントを示したわかりやすい解説で、効果的な学習ができます。また、句法などの重要事項をまとめて示していますので、関連知識をあわせて確認でき、着実に力がつきます。

①基礎レベル……基礎編・演習編の二部構成。基礎編はオリジナル練習問題。演習編はセンター試験の過去問等7題掲載。
②共通テストレベル……共通テスト・センター試験の過去問等10題掲載。
③私大・国公立大レベル……私立大6題、国立大8題の過去問を掲載。

志望校と「全レベル問題集　漢文」シリーズのレベル対応表

本書のレベル	各レベルの該当大学　※掲載の大学名は購入していただく際の目安です。
① 基礎レベル	高校基礎～大学受験準備
② 共通テストレベル	共通テストレベル
③ 私大・国公立大レベル	［私立大学］学習院大学・法政大学・明治大学・中央大学・上智大学・早稲田大学・南山大学・立命館大学　他 ［国公立大学］北海道大学・東北大学・東京大学・名古屋大学・大阪大学・神戸大学・広島大学・九州大学　他

本書の特長

①基礎レベルは、**基礎編・演習編**の二部構成です。

基礎編は、漢文の基本知識の確認ができる練習問題を掲載。項目ごとに基本知識を整理して、復習できます。

基礎編
解答・解説

基本知識のまとめ
「重要句法」「重要語」など、覚えておきたい基本知識を整理できます。

解答
答え合わせがしやすいよう、項目ごとに、最初にまとめて示しています。

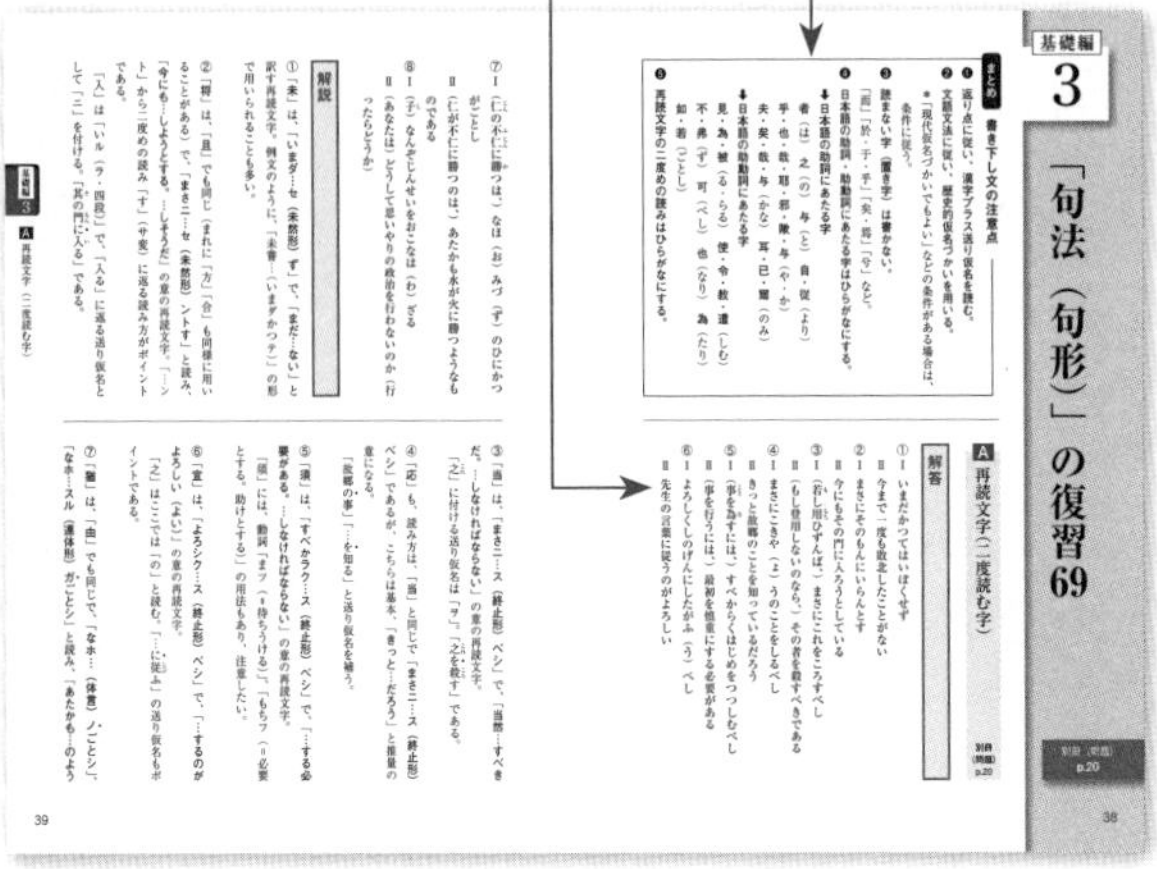

演習編は、センター試験の過去問やその改題、全7題を掲載。基礎力を確認するだけでなく、解説をしっかり読めば応用力も身につきます。

演習編
解答・解説

着眼ポイント
解法の着眼点を、すべての設問につけました。「何が問われているのか」を把握して、解答を考えるよう心がけましょう。

重要事項のまとめ
「句法」などの重要な基本ルールが確認できるので、応用力が身につきます。

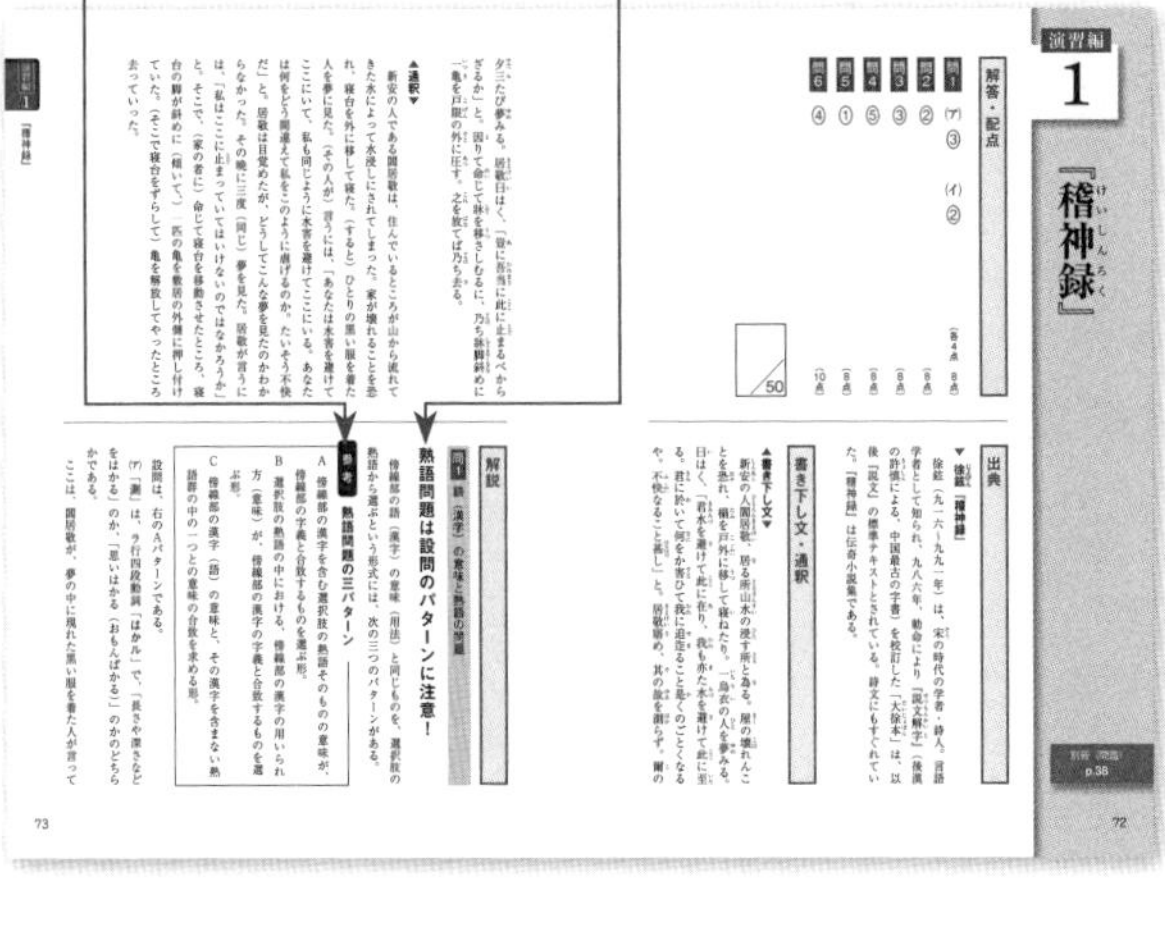

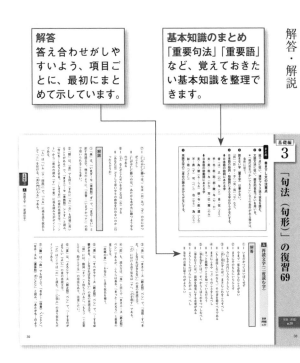

受験漢文としての学習のポイント

付いている返り点を読めるのは前提

漢文を始めてすぐに習うのは「**返り点**」であるが、付いている「返り点」をたどって読めることは、漢文の勉強では前提である。

与えられた問題文を読む上で大切なのは、スピーディーに返れることである。幸いなことに、返り点も送り仮名も付いていて、漢字が読めれば、漢文（中国の古文）は「**訓読**」つまり日本語として読めるわけで、おそらく、古文よりずっとわかりやすいと言ってよい。

白文（返り点も送り仮名も付けないもの）を読める力は求められない。（部分的な傍線部ではアリ）

私立大や共通テストでは、付け方の正しいものを選択肢から判断する形であるが、国公立大では、自分で付ける形の設問が多い。返り点は、付ける練習が大事である。

基礎編4の「**返り点を付ける問題24**」（別冊32ページ）をやってみよう。

漢文の勉強は「句法」あるのみ！

問題文の読解力、設問に対する解答力の土台は、「**句法（句形）**」をどれだけ覚えているかに尽きる。

主な「句法」については、網羅して学ぶには、学校で使っている「句法」のテキストやドリル、自力でやるには、『基礎からのジャンプアップノート　漢文句法・演習ドリル　改訂版』（旺文社）のようなもので勉強しなければならない。

基礎編3の「『**句法（句形）』の復習69**」（別冊20ページ）でも、かなりな程度勉強できる。

漢文には、「**型にはまった**」**句法**が多く、これがわかっていれば、選択肢型の問題では一発で答が出ることもあり、記述型でも、その「型」に着眼するところから、そこにからんでくる用言の活用などを考えて解くことになる。

「型にはまった」句法が、設問のポイントになっているケースは、驚くほど多い。

基本の「き」をおろそかにしない！

「句法」の「型」をとっかかりにして、傍線部を自分で「書き下し文」にしたり、「現代語訳（解釈）」したり、あるいは書き下し方や解釈を選択肢から判断したりする場合、大切なことがいくつかある。

一つは、古文で勉強している**「古典文法」の力**である。

とくに大事なのは、**用言（動詞・形容詞・形容動詞）の活用**と、**助動詞の活用**、**助詞・助動詞の接続**である。

動詞は、漢文では（たとえば二字の熟語など）サ変動詞が多用され、四段・上一段・上二段・下一段・下二段はふつうに用いる。カ変動詞の「来《く》」は、漢文では「来たる（ラ・四段）」、ナ変動詞の「死ぬ」は、漢文では「死す（サ変）」（「往《い》ぬ」は用いない）、ラ変動詞は、「あり」「をり」のみ用い、「侍《はべ》り・いまそかり」は用いない。

助動詞は、漢文では、否定（打消）の「ず（**不**・**弗**）」、使役の「しむ（**使**・**令**・**遣**・**教**）」、受身の「る・らル（**見**・**為**・**被**）」、推量・意志・当然・可能などの「ベシ（**可**）」、断定の「なり（**也**）・たり（**為**）」、比況の「ごとシ（**如**・**若**）」を用いる。これらの接続と、それ自体の活用ができる必要がある。

ヲニトあったら返る—漢文の五文型

二つめは、**漢文の構造**についての知識である。

漢文には、五つの基本構造がある。

Ⅰ　主語ハ（ガ）—述語スル（デアル）

Ⅱ　主語ハ（ガ）—述語スル二—目的語ヲ一

Ⅲ　主語ハ（ガ）—述語スル（デアル）二—（於）補語ニ（ト・ヨリ・ヨリモ）一

Ⅳ　主語ハ（ガ）—述語スル（デアル）二—目的語ヲ—（於）補語ニ（ト・ヨリ）一

Ⅴ　主語ハ（ガ）—述語スル二—（於）補語ニ（ト）—目的語ヲ一

主語は、省略されていたり、傍線部の冒頭にはない場合もある。しかし、とにかく右の構造が念頭にあれば、下の語に送り仮名**「ヲ・ニ・ト（・ヨリ・ヨリモ）」を付けて述語に返る**のだということがわかるのである。

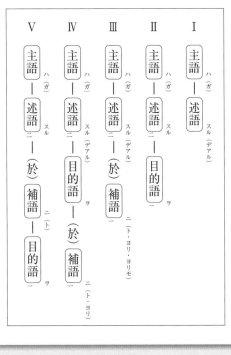

再読文字・返読文字・置き字

三つめは、一字を二度読む「再読文字」、必ず返って読む「返読文字」、読まない「置き字」の知識である。

再読文字は、「未・将・且・当・応・宜・須・猶・由・盍」の十文字しかない。基礎編3「『句法（句形）』の復習69」のAにまとめがある（40ページ）。

返読文字の主なものは、否定の「不《ず》・非《あらズ》・無《なシ》」、「無」の対義語の「有《あり》」、使役の「使《しム》・令《しム》・遣《しム》・教《しム》」、受身の「見・為・被（る・らル）」、比況の「如《ごとシ》・若《ごとシ》」、可能・命令などの「可《べシ》」、仮定の「雖《いへどモ》」、断定の「為《たり》」など、助動詞が多い。また、「多《おほシ》・衆《おほシ》」「少《すくなシ》・寡《すくなシ》・鮮《すくなシ》」「易《やすシ》」「難《がたシ》」などの形容詞、格助詞の「自《より》・従《より》」、「与《と・より》」、名詞「所《ところ》」「所以《ゆゑん》」などがあり、それぞれ、どのような品詞、活用形から返読するかが大事である。

置き字は、直前部分の送り仮名「テ・デ・シテ・ドモ」などの接続助詞のはたらきをする「而《ジ》」が最重要。下にくる補語の送り仮名「ニ・ト・ヨリ・ヨリモ」のはたらきをする「於《オ》・于《ウ》・乎《コ》」も大事であり、ほかに、文末に置く「矣《イ》・焉《エン》・也《ヤ》」などがある。基礎編3のBにまとめがある（41ページ）。

何はともあれ字が読めること！

「句法」にプラスされるポイントを掲げてきたが、それらのさらに前にくるポイントは、**「漢字」が読めること**である。

「漢字」の力は、むろん、小学生のころからの勉強がどれくらいしっかり身についているかによるとも言えるが、漢文の受験勉強としての「漢字」力もある。

まずは、「訓読み」の力である。訓読みできるということは「日本語として読める」ということで、訓読みできるのに意味がわからないということはない。

次に、「熟語」の力である。意味がわかりにくいときも、その漢字を用いた熟語から、文脈にあてはまる意味を類推することが、漢字では可能である。

そして、基礎編1の**「語（漢字）の読みの問題88」**にあるような、「読み」を問われやすい字を知っておくことである。

とくに、Bの「同字異訓（読み方の多い字）」、Cの「同訓異字（同じ読み方の字が多いもの）」、Dの「副詞」、Eの「用言」、Fの中の「接続語」など、意味も含めて重要なものがたくさんある。14〜31ページは「得点源」である。

「知識」でとりかかれる問題からスタート！

漢文の問題は、傍線部や空欄が、何を問おうとしているかが見えやすい問題がたいへん多い。

よって、まず問題を見渡して、「漢字の読み」はもちろん、「句法」の「**知識**」で答が絞れたり、答へのとっかかりにできそうな問題がないかをチェックする。

とくに、**私立大**や、**共通テスト**のような、**選択肢型・マークシート型の問題**の場合、一発で答が出るような問題も、漢文ではかなり多い。それだけ、漢文は手加減されているように見えることがある。

国公立大の記述問題は、大学によって難易度の差がある。読み方を与えてあって「返り点を付けよ」というレベルもあれば、返り点も送り仮名もない傍線部を「歴史的仮名づかい」も要求して「書き下し文にせよ」であったり、「現代語訳せよ」であったりするような、厳しいレベルもある。

いずれにせよ、何らかの「知識」がポイントになっていることがほとんどであるから、そこに着眼し、そこをとっかかりにして解答を見出《みいだ》す。あるいは作ってゆくということが、まずは大切である。

「文脈」の中に「解答の根拠」を探す！

「**漢字の読みの問題**」「**書き下し文の問題**」「**返り点を付ける問題**」「**現代語訳の問題**」「**漢詩のきまりの問題**」などの、「**知識**」系の問題でも、むろん、前後の「**文脈**」（**話の流れ**）は見なければならないが、次のような説明問題は、「**文脈**」の中（傍線部の近く）に「**解答の根拠**」を探し、共通テストなどは、正解選択肢との合致をはかり、国公立型の場合は、その「**根拠**」にもとづいた解答作りをすることが大切である。

- Ａ **内容説明**（…はどういうことを言っているのか）
- Ｂ **理由説明**（…はなぜか）
- Ｃ **心情説明**（…はどのような心情を表しているか）
- Ｄ **趣旨説明**（…はどのようなことを言いたいのか）
- Ｅ **主旨・要旨のまとめの問題**

東京大のように、解答欄が小さく、簡潔に答える力を求めている大学もあれば、名古屋大のように必ず一五〇字の記述が出る大学もある。志望大の過去問をしっかり演習しておくことが必要である。

基礎編

基礎編

1 語（漢字）の読みの問題88

別冊（問題）p.2

A 句法（句形）に関連する読み

別冊（問題）p.2

解答

①なかれ　②なんすれぞ　③なんぞや　④あに　⑤いかん　⑥いくばくぞ　⑦いづ（ず）くんぞ　⑧いなや　⑨しむ　⑩らる　⑪いやしくも　⑫いへ（え）ども　⑬のみ　⑭いは（わ）んや　⑮こひ（い）ねがは（わ）くは

解説

① **過《あやま》ちては則《すなは》ち改《あらた》むるに憚《はばか》ること勿《な》かれ。**

「**勿カレ**」は、「なシ（＝勿・無・莫・毋）」の命令形で、「…してはいけない。…するな」の意の**禁止形**である。「なシ」の場合と同じく、活用語の連体形、あるいは、「連体形＋コト」から返読する。

② **何為《なんす》れぞ去《さ》らざるや。**

「**何為レゾ**」は、「**何《なん》ゾ**」と同じで、「どうして…」の意。文末が連体形、あるいは、「連体形＋や（也・乎・哉など）」であれば疑問形、「未然形＋ン」（あるいは、「未然形＋ンや（也・乎・哉など）」）であれば反語形であることも、「何ゾ」と同じである。ここは**疑問形**。（46ページ参照）

③ **書《しょ》を読《よ》まざるは何《なん》ぞや。**

文末に置く「**…ハ何ゾや**」は、「何ゾ…や」の倒置で、「…はどうしてか」と強調する形の**疑問形**。

④ **豈《あ》に父母《ふぼ》の恩《おん》を忘《わす》れんや。**

「**豈ニ…**」は、「**何《なん》ゾ**」「**安《いづ》クンゾ**」と並んで、**疑問詞のベスト3**である。「何ゾ」「安クンゾ」が、疑問にも反語にもなる用例が多いのに比べて、「豈ニ」は、「豈ニ…ンや」と**反語形**になることが圧倒的に多い。ただし、「…だろうか」と、推量を含んだ疑問形や、「豈ニ…ず（…ニあらズ）や」の形で、「なんと

…ではないか」と訳す詠嘆形になることもあるので注意したい。（48ページ参照）

⑤ **政宗《まさむね》の状貌《じやうばう》は何如《いかん》。**

文末で「**…ハ何如**」と用い、「…はどのようであるか」と、状態や状況、事の是非（いいか悪いか）を問う**疑問形**。「**何若・奚如・奚若**」も同じ。「**如何（奈何・若何）**」は、基本は「いかんセン」で、「どうしたらよいか」と、方法・手段を問い、疑問にも反語にもなる。（49ページ参照）

⑥ **人生幾何《じんせいいくばく》ぞ。**

「**幾何**」あるいは「**幾許**」で、「いくばく（ゾ）」と読み、「どれくらい（どれほど）…か」と疑問形に訳すか、「どれくらいだろうか（、いや、どれほどもない）」と反語形に訳すかは、文脈によって判断する。ここは**反語形**である。

⑦ **鶏《にはとり》を割《さ》くに焉《いづ》くんぞ牛刀《ぎうたう》を用《もち》ひん。**

「**いづクンゾ…**」は、「**何《なん》ゾ**」「**豈《あ》ニ**」と並ぶ、疑問詞のベスト3で、「**安・焉・寧・悪・烏**」などを用いる。これも、文末が「連体形（＋や）」であれば疑問形、「未然形＋ン（＋や）」であれば反語形である。ここは**反語形**。（47ページ参照）

⑧ **吾《わ》が舌《した》を視《み》よ、尚《な》ほ在《あ》りや否《いな》や。**

「**…ヤいなヤ**」で、直訳すれば、「…か、そうでないか」であるが、強調する形の**疑問形**で、「…か」でよい。「…かどうか」のように訳してもよい。

⑨ **王人《わうひと》をして之《これ》を学《まな》ばしむ。**

「**令**」は、「**使・教・遣・俾**」と同じで、**使役**の「**しむ**」。「A使二B C一（ABヲシテCセしム）」という**使役の公式**で、最も出題の多い句法の一つである。「AはBにCさせる」の意。使役の対象のBに付く送り仮名「**ヲシテ**」が、読み方のポイントである。（50ページ参照）

⑩ **弥子瑕《びしか》衛君《ゑいくん》に愛《あい》せらる。**

「**見・為・被**」は、**受身**の「**る・らル**」。漢文では、四段動詞の未然形から返るときは「る」。サ変・下一段・下二段・上一段・上二段動詞の未然形から返るときは「らル」。返読文字である。（52ページ参照）

⑪ **苟《いや》しくも天運《てんうん》有《あ》らば勝利《しようり》を得《え》ん。**

「**苟シクモ…バ**」で、「かりにも…ならば」と訳す**仮定形**。ちなみに、仮定なのであるから、「未然形＋バ」が妥当であるが、漢文では、「未然形＋バ」と「已然形＋バ」は、あまり厳密に使い分けていない。

⑫ **千万人《せんまんにん》と雖《いへど》も吾往《われゆ》かん。**

「**…ト雖モ**」と返読して、「…とはいっても」「(たとえ)…であっても」と訳す、**逆接仮定条件**を表す**仮定形**。「…だけれども」と、**逆接確定条件**のように訳す例もある。(54ページ参照)

⑬ **夫子《ふうし》の道《みち》は忠恕《ちゆうじよ》のみ。**

文末で、「**耳・已・爾・而已・而已矣・也已・也已矣**」のようにいろいろな形で用いる**限定形**。「…だけ」というほどの意味はなく、強調程度に用いられていることもある。「夫子」は「先生」であるが、『論語《ろんご》』では孔子《こうし》のこと。

⑭ **子《し》すら且《か》つ然《しか》り、況《いは》んや高綱《たかつな》をや。**

「**況**」は「**いはンヤ**」。「A且B、況C乎（AスラかツB、いはンヤCヲや）」という形が**抑揚の公式**で、「AでさえBだ、ましてCであればなおさらBだ」の意。「いはンヤ…ヲや」と呼応する読みがポイントである。(56ページ参照)

⑮ **王《わう》、庶幾《こひねが》はくは之《これ》を改《あらた》めよ。**

「**庶幾**」で「**こひねがハクハ**」。「**冀・庶・幾**」でも「こひねがハクハ」と読み、「願ハクハ」「請フ」よりも丁寧な**願望形**である。ここは、末尾が命令形なので、「どうか…してください」と、相手への願望になる。(58ページ参照)

B 同字異訓(読み方の多い字)の読み

別冊(問題)p.4

解答

①とは ②よりは ③ために ④たり ⑤すでに ⑥やむ
⑦ゆゑ(え)に ⑧もとの ⑨まみゆ ⑩あらは(わ)る
⑪ごとし ⑫もし ⑬かつ ⑭しばらく ⑮おのづ(ず)から
⑯より ⑰それ ⑱かな ⑲あへ(え)て
⑳がへ(え)んぜず(うべなは(わ)ず)

解説

① **富《とみ》と貴《き》とは是《こ》れ人《ひと》の欲《ほつ》する所《ところ》なり。**

「**与**」は、漢文学習上、最も重要な語の一つである。とくに、「A与《ト》レB(AトBと)」「与レA…(Aと…)」と、「**と**」と読むケースが最重要！

② **礼《れい》は其《そ》の奢《おご》らんよりは寧《むし》ろ倹《けん》なれ。**

「与ㇾA寧B（AよりハむしロB）」という選択形の中での「よりハ」と読むケースである。

同字異訓 「与」の用法

❶ と…………「Aト与ㇾB」の形で、並列を表す。
❷ と…………「与ㇾA…」の形で、従属の関係を表す。
❸ ともニ………いっしょに。（＝**倶・共**）
❹ （…ト）ともニ……（…と）いっしょに。
❺ （…ト）ともニス…（サ変）（…と）いっしょにやる。
❻ か・や………文末で、**疑問・反語**を表す。（＝**乎・也・哉・邪・耶・歟**）
❼ かな…………文末で、**詠嘆**を表す。（＝**矣・夫・哉・乎**）
❽ よりハ………「与ㇾAリハ」の形で、**比較・選択**を表す。
❾ あたフ………（ハ・下二段）与える。
❿ くみス………（サ変）仲間になる。徒党を組む。味方する。支持する。賛成する。かかわる。
⓫ あづカル………（ラ・四段）かかわる。関与する。

③ **腸《はらわた》為《ため》に断絶《だんぜつ》す。**

「為」を「ため」「ためニ」と読むのは、ごくあたりまえな感じであるが、前にある何かを受けて、「そのために…」という意味に用いるこの形は大事である。

④ **爾《なんぢ》は爾《なんぢ》たり、我《われ》は我《われ》たり。**

返読して、古文の**断定の助動詞**「**たり**」と読む形。「なり」とは読まない。「なり」は、文末で用いる「也」。
「為」も、「与」と同じく、非常に用法が多い。

同字異訓 「為」の用法

❶ なス…………（サ・四段）する。…とする。…と見なす。…と思う。
❷ なル…………（ラ・四段）…になる。できあがる。
❸ つくル………（ラ・四段）作る。こしらえる。
❹ をさム………（マ・下二段）治める。治す。修理する。学ぶ。
❺ ためニ………そのために。ゆえに。それで。
❻ （…ガ・ノ）ためニ…（の）ために。
❼ （…ノ）ためニス…（の）ためにする。

❽ たり……………「為リレA」の形で、**断定**の助動詞のはたらきをする。「なり」とは読まない。

❾ る・らル…………「為レA」の形で、**受身**の助動詞のはたらきをする。（＝**見・被・所**）

⑤ **漢皆已《かんみなすで》に楚《そ》を得《え》たるか。**

「**已**」が「**すでニ**」であるのは、古典文法の「已然形」という言い方でわかる。「已然《いぜん》形」というのは、「すでにそうなっていることについて言う形」である。「**既**（すでニ）」と同じ。

「**すでニシテ**」と読むと、「やがて。まもなく」の意になる点も注意したい。これは、「たちまち。すみやかに」の意の「俄（にはカニ）」が、「にはカニシテ」と読むと、「しばらくして。やがて」になるのと似ている。

⑥ **死《し》して後《のち》已《や》む。**

「**已**」を、動詞として「**やム**」と読む形。四段動詞にも下二段動詞にも用いる。「**止・休・罷**」なども同じである。「不レ得レ已（やムヲえず）」の形もよく出る。

同字異訓 **「已」の用法**

❶ すでニ……………（副詞）すでに。もう。（＝**既**）
❷ すでニシテ……（副詞）やがて。まもなく。（＝**既**）
❸ やム……………（マ・四段）やむ。終わる。（マ・下二段）やめる。終える。（＝**止・休・罷**）
❹ のみ……………文末で、**限定・強調**を表す。（＝**耳・爾・而已・而已矣など**）
❺ はなはダ………（副詞）非常に。たいそう。（＝**甚・太・苦・孔**）

⑦ **吾《わ》が父《ちち》死《し》す、故《ゆゑ》に哭《こく》す。**

父が死んだのであるから、「それゆえ（だから）」声をあげて泣いているという文脈である。「**故**」はこの「**ゆゑニ**」の読みが問われやすい。意味的には、「**是以**（ここヲもつテ）」「**因**（よリテ・よツテ）」などと同じである。

⑧ **太祖《たいそ》の口貌《こうぼう》故《もと》のごとし。**

「ゆゑノごとシ」ではなく、「**もとノ**ごとシ（＝もとのままである）」と読む。「…ノ」から「ごとシ」へ返る。この形が多い。

が、「固《もと》ヨリ」などと同じく「故《もと》ヨリ」と用いることもある。

同字異訓 「故」の用法

❶ **ふるシ**……（形容詞）古い。昔からの。（＝**旧・古**）
❷ **ゆゑニ**……（接続詞）だから。それゆえ。
❸ **ゆゑ**……（名詞）理由。わけ。
❹ **もとヨリ**……（副詞）もともと。はじめから。言うまでもなく。（＝**固・素・原**）
❺ **もと**……（名詞）以前。昔。もと。
❻ **ことさらニ**……（副詞）わざと。わざわざ。故意に。
❼ **こと**……（名詞）ことがら。しごと。できごと。災い。

⑨ **孟子《まうし》梁《りやう》の恵王《けいわう》に見《まみ》ゆ。**
「梁《りやう》の恵王《けいわう》」は、孟子《もうし》から見て当然目上になるので、「おめどおりする。拝謁する」の意で、「**まみユ**（ヤ・下二段）」と読むべきところである。

⑩ **天下《てんか》道《みち》有《あ》れば則《すなは》ち見《あらは》る。**
ここも動詞で、「**あらはル**（ラ・下二段）」と読み、「世に出て仕える」の意。「事が露見する（＝バレる）」意のこともある。

「見」は、受身の「る・らル」の用法も重要である。

同字異訓 「見」の用法

❶ **みル**……（マ・上一段）見る。
❷ **みユ**……（ヤ・下二段）見える。
❸ **まみユ**……（ヤ・下二段）おめどおりする。拝謁する。謁見する。
❹ **あらはル**……（ラ・下二段）現れる。世に出て仕える。露見する。
❺ **あらはス**……（サ・四段）見せる。示す。明らかにする。
❻ **る・らル**……「見レＡ」の形で、**受身の助動詞**のはたらきをする。…れる。…られる。…される。（＝**為・被**）

⑪ **人生《じんせい》は朝露《てうろ》のごとし。**
比況の助動詞「**ごとシ**」で、「**若**」も同様に用いる。例文のように、体言から返る場合は「ノごとシ」、活用語の連体形から返る場合は「…（スル）がごとシ」と読む。

⑫ **如《も》し君《きみ》君《きみ》たらずんば、臣《しん》臣《しん》たらず。**
文頭で、**仮定**の「**もシ**」。これも「**若**」も同様に用いる。「未

然形＋バ」と呼応するが、漢文では、「未然形＋バ」「已然形＋バ」はあまり厳密に使い分けない。「もシ」と読む字は、基本的に「如」と「若」を覚えておけばよいが、「使・令・当・尚・倘・向・即・則・脱・設・誠・仮如・如使・向使・当使」なども「もシ」と用いることがある。

同字異訓　**「如」の用法**

❶ もシ……**仮定形**。「…バ」と呼応する。（＝**若**など）

❷ ごとシ……**比況形**。…のようだ。…と同じだ。（＝**若**）

如シ二…｛**体言（名詞）＋ノ**／**活用語の連体形＋ガ**｝一

❸ しク……（カ・四段）及ぶ。否定語を伴って、次のように比較形として用いる。（＝**若**）

Aハ不レ如カレBニ　読 AハBニしカず　訳 AはBには及ばない　AよりもBのほうがよい

Aハ無シレ如クハレBニ　読 AハBニしクハなシ　訳 Aに関してはBにまさるものはない

❹ ゆク……（カ・四段）行く。（＝**行・之・往・適・逝・征・徂・于**）

---

⑬ **富《と》みて且《か》つ貴《たふと》きは我《われ》に於《お》いて浮雲《ふうん》のごとし。**

「**かツ**」で、「その上。さらに」の意。

⑭ **我《われ》酔《よ》うて眠《ねむ》らんと欲《ほっ》す、君《きみ》且《しばら》く去《さ》れ。**

「**且**」は、「**しばらク**」と読むこともあり、「しばらく。少しの間」の意である。

「且」は、「将」と同じ再読文字の用法も大事である。

同字異訓　**「且」の用法**

❶ かツ……（副詞）さらに。その上。…しながら…する。「…スラかツ」で「…でさえもなお」。

❷ しばらク……（副詞）しばらく。少しの間。暫時《ざんじ》。（＝**暫・少・頃・姑・間**）

❸ まさニ…ントす……**再読文字**。「**将**」と同じ。いまにも…しようとする。…しそうだ。…になりそうだ。

⑮ **心《こころ》自《おの》づから閑《かん》なり。**

「**自**」は、基本的に、「**みづから**（自分で）」か、「**おのヅカラ**（自然に）」である。文脈を考えてどちらかに読むことになる。

⑯ **古《いにしへ》より誰《たれ》か死《し》無《な》からん。**

「**自**」は、「自レA」と**返読文字**として用いた場合は、「**より**」で、「従・由」と同じ。

同字異訓 「自」の用法

❶ **みづから**………（副詞）自分で。自分から。
❷ **おのヅカラ**……（副詞）自然に。ひとりでに。
❸ **より**…………返読文字。…から。（＝**従・由**）

⑰ **夫《そ》れ秦王《しんわう》虎狼《こらう》の心《こころ》有《あ》り。**

訳が「そもそも」と与えてあるから「**そレ**」であるが、「あの秦王は…」であれば「**かノ**」と読むこともできる。

⑱ **逝《ゆ》く者《もの》は斯《か》くのごときかな。**

孔子が、川の流れを見て嘆じた言葉。「昼夜《ちうや》を舎《お》かず（＝昼も夜もとどまることがない）」と続く。**文末の**「**かな**」は、ほかに、「**哉・矣・与**」なども用いる。

同字異訓 「夫」の用法

❶ **そレ**……文頭で用いる。そもそも。いったい。
❷ **かノ**……あの…。
❸ **かな**……文末に用いて、**詠嘆**を表す。…（なこと）よ。…（だ）なあ。（＝**哉・矣・与・乎**など）

⑲ **肯《あ》へて人《ひと》を呼《よ》ばず。**

「敢」と同じく「**あへテ**」と読む。「進んで…する。わざわざ…する」の意。

⑳ **楊震《やうしん》肯《がへ》んぜず**（**肯《うべな》はず**）。

「肯」は、「**がヘンズ**」とサ変動詞に読んで、「うなずく。よいとする。承知する」の意に用いる。「うべなフ（ハ・四段）」とも読める。「不（ず）」へ返るには未然形に。

C 同訓異字（同じ読み方の字が多いもの）の読み

別冊（問題）p.6

解答

①つひ（い）に ②つひ（い）に ③すなは（わ）ち
④すなは（わ）ち ⑤もとより ⑥ひそかに ⑦ひそかに
⑧ゆく ⑨はなはだ ⑩ことごとく ⑪ほとんど
⑫には（わ）かに ⑬なんぢ（じ）の

解説

① **終《つひ》に国《くに》を出《い》づ。**

② **杜《と》子《し》春《しゅん》竟《つひ》に応《こた》へず。**

「終」「竟」、いずれも「**つひニ**」。①「終」は「とうとう」、②「竟」は「とうとう。あくまで。最後まで」の意。

同訓異字 「つひニ」と読む字

❶ 遂……こうして。そのまま。すぐに。果ては。その結果。とうとう。最後まで。かくて。
❷ 終……しまいに。とうとう。終始。最後まで。ずっと。
❸ 卒……結局。最後に。とうとう。
❹ 竟……とうとう。最後まで。結局。あろうことか。かえって。あくまで。

③ **乃《すなは》ち先《ま》づ質《ち》を斉《せい》に納《い》る。**

「乃」の「すなはチ」は、基本的に「そこで」の意。

④ **飲《の》めば輒《すなは》ち尽《つ》くす。**

「輒」の「すなはチ」は、意味も問われやすく、「そのたびごとに。いつも」の意。

同訓異字 「すなはチ」と読む字

❶ 則……「…レバ則」で、古文の「已然形＋ば」の「…すると」にあたる。
❷ 乃……そこで。そして。（＝於《イテ》レ是《ここニ》・因《よリテ》）かえって。それなのに。なんと。これこそ。
❸ 即……すぐに。そのまま。とりもなおさず。つまり。
❹ 便……たやすく。すぐに。そうすると。つまり。
❺ 輒……そのたびごとに。いつも。
＊その他、「**迺・曽・而**」なども「すなはチ」と読む。

⑤ **蛇固《へびもと》より足無《あしな》し。**

「固ヨリ」は、ここでは、「もともと。もとから」の意であるが、「言うまでもなく。むろん。もちろん」の意で用いることもある。

同訓異字 「もとヨリ」と読む字

固・素・故・原・本

⑥ **私《ひそ》かに張良《ちやうりやう》を見《み》る。**

⑦ **師徳《しとく》密《ひそ》かに之《これ》を薦《すす》む。**

「ひそカニ」は、「こっそり。内々に。正式にでなく」であるが、「卑見では。失礼ながら」のように、謙遜に用いる例もある。

同訓異字 「ひそカニ」と読む字

密・私・窃・潜・陰・秘・間

⑧ **鄭《てい》を去《さ》りて許《きよ》に之《ゆ》く。**

「ゆク」と読む字は非常に多い。使い分けまで問われることはないが、主な用い方を示しておく。

同訓異字 「ゆク」と読む字

❶ **行**……動いて進む。歩いて進む。おもむく。去る。はなれる。うつりゆく。
❷ **往・于**……向かって行く。行き着く。訪れる。去る。
❸ **之・如**……目的地にいたる。
❹ **適**……おもむく。いたる。嫁に行く。
❺ **逝・徂**……行ったまま帰らない。去る。死ぬ。
❻ **征**……遠方をめざして行く。旅に出る。

⑨ **漁人《ぎよじん》甚《はなは》だ之《これ》を異《い》とす。**

「はなはダ」は副詞であるが、「はなはダシ」と読めば形容詞である。

同訓異字 「はなはダ」と読む字

甚・已・苦・太・孔

⑩ **趙王《てうわう》悉《ことごと》く群臣《ぐんしん》を召《め》して議《ぎ》せしむ。**

「ことごとク」は、「すべて。皆。残らず。全部」の意。「尽・殫」は「つく」、「悉」は「つクス」、「畢」は「をはル。をフ。つひニ」、「咸」は「みな」の読み方もある。

同訓異字 **「ことごトク」と読む字**

尽・悉・畢・殫・咸

⑪ **二《に》主《しゆ》殆《ほと》んど将《まさ》に変《へん》有《あ》らんとす。**

「**ほとンド**」は、「おそらく。きっと」「…に近い。…に似ている」の意。「殆」は「あやフシ（＝危うい）」の読みも大事である。

「**幾**」も「**ほとンド**」と用いることがあるが、「**幾**」はほかにも、「**ちかシ**（＝近い）」「**こひねがフ・こひねがハクハ**（冀・庶・庶幾）」「**いくばく**（幾何・幾許）（＝どれほどか）」の用法も大事である。

⑫ **俄《には》かに虎《とら》草《さう》中《ちゆう》に匿《かく》る。**

「**にはカニ**」は、言うまでもなく、「急に。たちまち。すみやかに」の意であるが、「**にはカニシテ**」と読むと、「しばらくして」の意になるので注意。

同訓異字 **「にはカニ」と読む字**

俄・卒・暴・遽・驟

⑬ **吾若《われなんぢ》の為《ため》に徳《とく》せん。**

「**なんぢ**」は、目下の者に対する二人称で、「おまえ。そなた」であるが、「あなた」と訳すほうがよいケースもある。送り仮名「の」から「ために」に返る。

同訓異字 **「なんぢ」と読む字**

汝・若・爾・而・女

D 読みの重要な副詞

別冊（問題）p.8

解答

①いたづ（ず）らに　②およそ　③かつて　④けだし
⑤すこぶる　⑥つねに　⑦つぶさに　⑧ともに　⑨まさに
⑩もつ（っ）とも　⑪たちまち　⑫いささか　⑬たまたま
⑭しばしば　⑮いよいよ　⑯そもそも　⑰こもごも

解説

① **徒《いたづ》らに留《とど》まるも、施《ほどこ》す所《ところ》無《な》し。**

「いたづラニ」は、「むだに。無意味に。むなしく」の意。

「唯・惟・只・直・但・特・祇・止」などと同じく、「ただ」あるいは「たダニ」と読んで限定を表すこともある。

② **凡《およ》そ今《いま》の人《ひと》、惟《た》だ銭《ぜに》のみ。**
「**およソ**」は、「総じて。一般に。おしなべて」「すべて。あらゆる」の意。

③ **嘗《かつ》て予《よ》に語《かた》りて曰《い》ふ。**
「**かつテ**」は、「以前。昔」の意。「曽（曾）・常」も「かつテ」と用いることがある。「未嘗…（いまダかつテ…ず）」の形の用例が多い。

④ **蓋《けだ》し是《こ》の国《くに》や地険《ちけは》し。**
「**けだシ…**」は、「思うに…。おそらく…」「そもそも。いったい」の意。再読文字の「**盍**（なんゾ…ざル）」と同じように用いている例もある。

⑤ **頗《すこぶ》る能《よ》く賢士《けんし》を推進《すいしん》す。**
「**すこぶル**」は、現代語では、「たいそう。はなはだ。おびただしく」の感覚であるが、漢文では、「やや。すこし」や「かなり」のような意で用いている例もある。

⑥ **毎《つね》に臣《しん》と此《こ》の事《こと》を論《ろん》ず。**
「**つねニ**」は、「**常・恒**」と同じで、「つねに。いつも」の意。「毎レA」と返読すると、「A（スル）ごとニ」と読む。

⑦ **具《つぶ》さに対《こた》ふ。**
「**つぶサニ**」は、「詳しく。こまごまと。具体的に」の意。「対《こた》ふ」は、目上の人に「お答えする」の意。

⑧ **人馬《じんば》倶《とも》に驚《おどろ》く。**
「**ともニ**」は、「**共・与**」と同じで、「いっしょに」の意。「ともニス」であればサ変動詞で、「いっしょにやる。共有する。つれだつ」などの意。

⑨ **蚌方《ぼうまさ》に出《い》でて曝《さら》す。**
「**まさニ**」は、「ちょうど。いまにも」。「将・且（まさニ…ントす）」と同じように、まれに、再読文字として用いる例もある。

⑩ **尤《もっと》も酒《さけ》を客《かく》に飲《の》ましむるを喜《よろこ》ぶ。**
「**もっとモ**」は、「**最**」と同じ。「とりわけ。はなはだ」の意。

⑪ **忽《たちま》ち一鰍《いっしう》の出《い》づるを見《み》る。**

「**たちまチ**」は、「**乍**」も同じ。「にわかに。とつぜん。すみやかに」の意。「忽焉《こつえん》・忽然《こつぜん》」は「突然」と同じ。

⑫ **些《いささ》か功徳《くどく》を積《つ》む。**

「**いささカ**」は、「**聊**」も同じ。「すこし。わずかに。かりそめに。しばらく」の意。

⑬から⑰は、同じ音を繰り返して読む「**畳語《じょうご》**」とよばれる語群である。

重要語　畳語

❶ **いよいよ……逾・愈・兪・弥**（ますます。一段と）
❷ **おのおの……各**（めいめい。各自）
❸ **こもごも……交・更**（交互に。かわるがわる）
❹ **しばしば……数・屢**（何度も。頻繁に）
❺ **そもそも……抑**（さて。それとも）
❻ **たまたま……偶・会・適**（偶然。ちょうどそのとき）
❼ **ますます……益**（いっそう。いよいよ）
❽ **みすみす……看**（みるみるうちに）

⑬ **偶《たまたま》都城《とじゃう》の南《みなみ》に至《いた》り、之《これ》を尋《たづ》ぬ。**

⑭ **范増《はんぞう》数《しばしば》項王《かうわう》に目《もく》す。**

⑭は教科書によくある「鴻門《こうもん》の会《かい》」で、宴席で劉邦《りゅうほう》を撃つように、王にめくばせしている場面である。

⑮ **江碧《かうみどり》にして鳥《とり》逾《いよいよ》白《しろ》く、**

「山青《やまあを》くして花《はな》然《も》えんと欲《ほっ》す」と続く、杜甫《とほ》の「絶句《ぜっく》」の第一句め。

⑯ **求《もと》めたるか、抑《そもそも》与《あた》へらるるか。**

⑰ **上下《じゃうげ》交《こもごも》利《り》を征《と》りて国《くに》危《あやふ》し。**

E 読みの重要な用言（動詞・形容詞・形容動詞）

別冊（問題）p.10

解答

①あつ　②ゆく　③つかふ（う）　④にくみて（にくんで）
⑤かへ（え）　⑥いさむ　⑦こたへ（え）て　⑧ひさぐ
⑨すくなし　⑩おほ（お）し　⑪わかき
⑫むべなる（うべなる）　⑬つまびらかなり

解説

① **矢《や》を射《い》て虎《とら》に中《あ》つ。**

「**中**」は、ここではタ行下二段動詞「**あツ**」で、「あてる。命中させる」の意。「**あタル**」と読めばラ行四段で、「あたる」の意。「命中・的中・中毒」などの「中」が「あツ・あタル」である。

② **晏子《あんし》晋《しん》に之《ゆ》く。**

「**之**」は23ページでも見たように、「**ゆク**」。「ゆク」と読む字は多いので、もう一度復習しておこう。

③ **子胥《ししょ》復《ま》た夫差《ふさ》に事《つか》ふ。**

「**事**」は、「**仕ふ**」と同じで、「**つかフ**」（ハ・下二段）。「仕える。お仕えする」の意。「使」と同じ「用いる」の意にも用いる。「…（ヲ）**ことトス**」であればサ変で、「専念する。努め行う」「とどまる」などの意。

④ **彼《かれ》を悪《にく》みて（悪《にく》んで）然《しか》するに非《あら》ず。**

「**悪**」は、動詞「**にくム**」（マ・四段）。「嫌悪《けんお》・憎悪《ぞうお》」などの「悪」で、「お」と音読みする。下へ続けるために「連用形＋テ」にする。「悪」は、疑問詞「**いづクンゾ**」（＝安・寧・焉など）」の用法も大事である。

⑤ **地《ち》は其《そ》の則《のり》を易《か》へず。**

「**易**」は、ここでは「**かフ**」（ハ・下二段）で、「**変・替・代・換**」などと同じ。「かえる。改める。変更する」「とりかえる。交換する」の意。「**かハル**」（ラ・四段）であれば「かわる。改まる。変化する。入れかわる」の意。「交易《えき》・貿易《えき》・改易《えき》・変易《えき》」など、音読みで「えき」となるのが、「かフ・かハル」の「易」である。「不（ず）」へ返るために未然形に。

⑥ **舎人《しゃじん》相《あ》ひ与《とも》に諫《いさ》む。**

「**諫**」は重要語で、「**いさム**」（マ・下二段）。「忠告する。意見する。人の過ちを正す」の意で、とくに、目上の人（王や主人など）に意見する用い方が多い。「諍《そう》」も同じ。「**諫言**《かんげん》（＝諫《いさ》める言葉）」「**諫臣**《かんしん》（＝諫める臣下）」の語も知っておきたい。

⑦ **晏子《あんし》対《こた》へて曰《い》はく、**

「**対**」は「**こたフ**」（ハ・下二段）で、「**答・応**」なども用いるが、「対《こた》ふ」は25ページのDの⑦でも見たように、「**目上の人にお答えする**」の意。例文のように、「曰《い》ハク」に続く「**こ**

たへテ」を答えさせることが多い。

⑧ **盾《たて》と矛《ほこ》とを鬻《ひさ》ぐ者《もの》有《あ》り。**

「**ひさグ**」（ガ・四段）は、「売る。商《あきな》う」の意。「**賈《こ》ス**」も同様に「商う。品物を売り買いする」の意である。

「矛盾《むじゅん》」の故事の一節。

⑨ **巧言令色《かうげんれいしよく》鮮《すくな》し仁《じん》。**

「**鮮**」は「**すくなシ**」（形・ク活用）で、「**少・寡**」も同じ。とくに「寡」は覚えておきたい。「**寡人《くわじん》**」は、王侯が自分を「人徳の少ない私」と謙遜する自称。「**寡黙《くわもく》**」は「口数が少ないこと」である。

⑩ **敵《てき》の兵《へい》甚《はなは》だ衆《おほ》し。**

「**衆**」は「**おほシ**」（形・ク活用）で、「**多**」と同じ。「衆目《しうもく》」は、「多くの人の目」、「大衆《たいしう》」は、「おおぜい（の人）」。

⑪ **少《わか》き時《とき》長安《ちやうあん》に在《あ》り。**

「**少**」は「**わかシ**」（形・ク活用）。漢文では、「若」でなく、ほとんど「少」を使う。「時」へ続けるために連体形に。

---

⑫ **宜《むべ》なるかな、牡丹《ぼたん》を之《こ》れ愛《あい》するは。**

「**宣**」は「**むベナリ**」（形動・ナリ活用）で、「もっともだ。当然だ」の意。「うベナリ」と読んでも可。「かな」へ続けるために連体形にする。

⑬ **其《そ》の典《てん》を説《と》くこと甚《はなは》だ審《つまび》らかなり。**

「**審**」は形容動詞「**つまびラカナリ**」。意味は「詳しい」で、「**詳**」も形容詞「くはシ」以外に、形容動詞「つまびラカナリ」と読む。

F 読みの重要な接続語・名詞・その他の語

別冊（問題）p.11

解答

①ここにおいて ②ここをもつ（っ）て ③しからばすなは（わ）ち ④しかるのち（に） ⑤しからずんば ⑥おもへ（え）らく ⑦かくのごとし ⑧ゆゑ（え）ん ⑨あざなは ⑩ゆゑ（え）を

解説

① **吾《われ》是《ここ》に於《お》いて生《せい》を養《やしな》ふを得《え》たり。**

「於ㇾ是」は、「これニおイテ」ではなく、「ここニおイテ」と読むことがポイント。「そこで」の意。

② **是《ここ》を以《もつ》て皆《みな》死《し》す。**

「是以」も、「これヲもつテ」ではなく、「ここヲもつテ」と読むことがポイントである。「だから。それゆえ」の意。語順が「以ㇾ是」であれば「これヲもつテ」と読み、「このために。このことでもって。これを用いて」などの意。

③ **然《しか》らば則《すなは》ち師《し》愈《まさ》れるか。**

「しかラバすなはチ」は、「それならば。そうだとしたら。それでは」の意。

④ **失《うしな》ひて然《しか》る後《のち》其《そ》の貴《たふと》きを知《し》る。**

「しかルのち（ニ）」は、「そののち（に）」であるが、「…（して）はじめて」のように訳すこともできる。

⑤ **しからずんば皆《みな》且《まさ》に虜《とりこ》とする所《ところ》と為《な》らんとす。**

「しからずンバ」は、「そうでなければ」。「不（否）則（しからずンバすなはチ）」でも同じである。

重要語 接続語のいろいろ

❶ **於イテㇾ是ニ**（ここニおイテ）……そこで。こういうわけで。
❷ **因リテ**（よリテ）……………そこで。
❸ **乃チ**（すなはチ）……………そこで。
❹ **是ヲ以テ**（ここヲもつテ）……だから。それゆえ。
❺ **以テㇾ是ヲ**（これヲもつテ）……このために。これを用いて。このことでもって。
❻ **故ニ**（ゆゑニ）……………だから。それゆえ。
❼ **然ラバ則チ**（しかラバすなはチ）…そうだとすると。それならば。それでは。
❽ **何トナレバ則チ**（なんトナレバすなはチ）…なぜならば。
❾ **然ル後ニ**（しかルのちニ）……そうしてのちに。…してはじめて。
❿ **然レドモ**（しかレドモ）…………しかし。けれども。
⓫ **不ンバ者**（しからずンバ）……そうでなければ。
⓬ **否ンバ則チ**（しからずンバすなはチ）…そうでなければ。
⓭ **雖モㇾ然リト**（しかリトいへどモ）………そうだとしても。

そうではあるが。

⑥ **以為《おも》へらく狐《きつね》を畏《おそ》るるなりと。**

「**おもへラク…ト**」で、「思ったことには…(だ)と」。「以為」二字で「おもへラク」と読むが、これは、

以テレ為スレAト(もつテAトなス)「Aと思う」

と読むのと同じで、また、

以テレAヲ為スレBト(AヲもつテBトなス)

という形で、「AをB(だ)と思う」と訳すケースもある。

⑦ **人《ひと》の病《やまひ》も国《くに》の乱《みだ》れも皆《みな》是《か》くのごとし。**

「かクノごとシ」は、「このよう(なもの)である」の意。

「**如レ此・如レ斯・若レ此・若レ是**」でも同じである。

⑧ **此《こ》れ漢《かん》の亡《ほろ》びし所以《ゆゑん》なり。**

例文の「**ゆゑん**」は、次のまとめの❶の「理由・わけ」の意であるが、ほかの用法も注意したい。

重要語 **「所以《ゆゑん》」の意味**

❶ **理由・わけ**

此レ**所二以**漢ノ亡ビシ一也。

読 此《こ》れ漢《かん》の亡《ほろ》びし所以《ゆゑん》なり。

訳 これが漢が滅んだ理由である。

❷ **方法・手段**

法令ハ**所二以**導クレ民ヲ一也。

読 法令《はふれい》は民《たみ》を導《みちび》く所以《ゆゑん》なり。

訳 法令は人民を導くための手段である。

❸ **…するところのもの・…するためのもの**

目者ハ**所二以**見ル一也。

読 目《め》は見《み》る所以《ゆゑん》なり。

訳 目はものを見るためのものである。

⑨ **楊震字《やうしんあざな》は伯起《はくき》。**

「**字《あざな》**」は、生まれた時につけられる姓名の「**名《めい》**」とは別に、成人後、呼び名として付ける名である。「字は」と、「は」を付けて下へ。

「**号《ごう》**」は、主に、学者・文人・画家などが、本名、字のほかに用いる雅名である。

たとえば、

孔子は、本名は「丘《きゅう》」、字は「仲尼《ちゅうじ》」

孟子《もうし》は、本名は「軻《か》」、字は「子輿《しよ》」

杜甫《とほ》は、本名は「甫《ほ》」、字は「子美《しび》」、号は「少陵《しょうりょう》」

李白《りはく》は、本名は「白《はく》」、字は「太白《たいはく》」、号は「青蓮居士《せいれんこじ》」

白居易《はくきょい》は、本名は「居易《きょい》」、字は「楽天《らくてん》」、号は「香山《こうざん》居士」である。

⑩ **怪《あや》しみて其《そ》の故《ゆゑ》を問《と》ふ。**

「**ゆゑ**」で、「理由。わけ」。「故」の用法については、19ページにまとめがある。「故を」と、「を」を付けて「問《と》ふ」へ返る。

基礎編

2 漢文の重要語25

別冊（問題）
p.14

解答

①ロ ②ハ ③ニ ④イ ⑤ニ ⑥イ ⑦ハ ⑧ニ ⑨ニ
⑩ハ ⑪イ ⑫ロ ⑬ハ ⑭ニ ⑮イ ⑯ロ ⑰ロ ⑱ハ
⑲ニ ⑳ロ ㉑イ ㉒ロ ㉓ニ ㉔ハ ㉕ニ

解説

① **陽関《ようかん》を出づれば故人《こじん》無《な》からん。**

「**故人《こじん》**」は、現代の日本語では「亡くなった人」のことであるが、漢文では、「旧友（＝古くからの友人）。親友。昔なじみ（＝古くからの知りあい）」の意。

「**古人《こじん》**」は、「昔の人。亡くなった人」、日本語での「故人」である。

「**先人《せんじん》**」は、「昔の人。昔の賢人」、あるいは、「亡父。祖先」の意。

② **左右《さいう》皆《みな》泣《な》き能《よ》く仰《あふ》ぎ視《み》るもの莫《な》し。**

「**左右《さいう》**」は、「側近（そばに仕える臣）。近臣」の意。むろん、「ひだり、みぎ」の意や、単に「そば。かたわら」、あるいは「同僚」程度の意味もあるが、問われることはない。「側近」の中でも、「（王を）補佐する大臣」レベルの人物を言うこともある。「**左右す**」とサ変動詞に用いれば、「補佐する。たすける」の意。

「**舎人《しやじん》**」も、「側近」の意に用いることがある。

③ **夫子《ふうし》の道《みち》は忠恕《ちゆうじよ》のみ。**

「**夫子《ふうし》**」は、「先生」で、『論語《ろんご》』では「孔子《こうし》」のことをさす。年長者への敬称、妻が夫を、あるいは、子が父を呼ぶ表現としても用いることがある。

「**先生《せんせい》**」は、今日の日本語のように「教師」の意でも用いるが、「**後生《こうせい》**」に対して「先に生まれた人」の意で、「父・兄」、あるいは「自分より先に学徳を修めた人。学徳のある人」を言うこともある。

④ 鮑叔《はうしゆく》の人《ひと》と為《な》りは何如《いかん》。

「**為ㇾ人**」は、レ点で返っているが、これで一語で「ひととなり」と読む。「人柄。性格。天性」の意である。「ひととなり」そのままでも、今日でも通用するが、問われていれば別の語に言いかえるようにしたい。

⑤ 須臾《しゆゆ》にして十《と》たび来往《らいわう》す。

「**須臾**」は「しゆ(ゆ)ゆ」と読み、「しばらく。少しの間」の意である。

「**暫時**《ざんじ》」「**寸刻**《すんこく》」「**寸陰**《すんいん》」「**食頃**《しよつけい》(＝食事をするくらいのわずかな時間)」なども同義である。

単に「わずか」であることを言う語としては、「**一毫**《いちがう》」「**寸**《すん》**毫**《がう》」「**秋毫**《しうがう》」「**毫毛**《がうもう》」などと使う「毫」がある。「毫」とは、けものの細い毛のことを言う。

⑥ 孺子《じゆし》の将《まさ》に井《せい》に入《い》らんとするを見《み》る。

「**孺子**《じゆし》」は、「幼な子。幼児。子ども」、あるいは、「青二才《あをにさい》。小僧《こぞう》」のように、若い者をさげすんで言う用い方もある。

「**豎子**《じゆし》」と表記しても同じであるが、こちらは、「童僕(＝子どもの召し使い)」の意もある。

⑦ 己《おのれ》を修《をさ》めて以《もつ》て百姓《ひやくせい》を安《やす》んず。

「**百姓**」は、「ひゃくしょう」ではなく「ひゃ(や)くせい」と読み、「人民。多くの民」。

「**庶人**《しよじん》」「**億兆**《おくてう》」も同義である。「多くの役人」の意に用いることもあるが、「人民」の意が大切である。

⑧ 寡人《くわじん》斉《せい》を攻《せ》めんと欲《ほつ》す。

「**寡人**《くわじん》」は、王や諸侯の自称・謙称(へりくだって自分を指す語)で、「私」。「徳の寡《すく》ない人」の意である。

王侯の自称・謙称としては、「**孤**《こ》(「孤」は「卑」の意)」、「**不穀**《ふこく》(「穀」は「善」の意があり、「不善」ということ)」などがある。

皇帝の自称としては、秦《しん》の始皇帝《しこうてい》以降に用いるようになった「**朕**《ちん》」がある。

自称でなく、臣下の側から王侯をさす語としては、「**上**《しやう》」「**君**《きみ》」「**王**《わう》」「**主**《しゆ》(**主上**)」などがある。

⑨ 小人《せうじん》間居《かんきよ》して不善《ふぜん》を為《な》す。

「**小人**《せうじん》」は、「**君子**《くんし》」の対義語で、「徳のない人。教養がなく、心の正しくない人。つまらぬ人間」の意。「身分の低い人。下々《しもじも》の者」や、「召し使い」の意でも用いる。

「**君子**《くんし》」は、「学問や人徳のある立派な人」であるが、「官職にある人。為政者」のように「人の上に立つ人」の意で用いられていることも多い。「梅」「竹」「蘭《らん》」「菊《きく》」や、「蓮《はす》」の別名として用いることもある。

⑩ **奇才《きさい》を以《もつ》て丞相《じようしやう》に任《にん》ぜらる。**

「**奇才**《きさい》」は、「**奇材**《きざい》」でも同じで、「すぐれた才能」、また「すぐれた才能の持ち主」の意。

「**奇**」は、「ふつうとは変わっている」ことを言うが、プラス方向に変わっていれば、「すぐれている。抜きん出ている。貴重である」意になり、マイナス方向に変わっていれば、「あやしい。ふしぎだ」の意になる。

サ変動詞「**奇トス**」も、プラス方向では、「重んじる。ほめる」であるが、マイナス方向では、「あやしむ」になる。

⑪ **臣等《しんら》不肖《ふせう》なり。**

「**不肖**《ふせう》」は、「愚か」であること、また、「愚か者」。「肖」は「似る」意で、「親に似ないダメな者」の意である。自分の謙称として用いることもある。

「**下愚**《かぐ》」は、「非常に愚かな人」。

⑫ **漢《かん》の滅《ほろ》びし所以《ゆゑん》は何《なん》ぞや。**

「**所以**」は、読みの問題（30ページ）でも見たように、「ゆゑん」と読み、「理由。わけ」「方法。手段」「…するところのもの。…するためのもの」の意。とくに、「理由」が問われやすい。

「**故**《ゆゑ》」も「理由。わけ」である。

⑬ **将《まさ》に社稷《しやしよく》を奈何《いかん》せんとする。**

「**社稷**《しやしよく》」は、「社《しや》（＝土地の神）」と「稷《しよく》（＝五穀の神）」で、大昔、天子や諸侯がこの二神を祭ったことから、「国家」のことをいう。

国の中でも、「**千**《せん》**乗**《じようの》**国**《くに》」は、兵車千台（兵車一台には、兵車に乗る武装した甲士《こうし》三人、歩兵七十二人、糧食や武器などの輸送にあたる輜重《しちよう》二十五人が付いた）を出せる大国、「**万**《ばん》**乗**《じようの》**国**《くに》」は、兵車一万台を出せる大国をいう。

⑭ **期年《きねん》ならずして、千里《せんり》の馬至《うまいた》る。**

「**期年**《きねん》」は、「まる一年。一周年」で、「期年ならずして」で、「一年もたたないうちに」の意。

「**居一年**（居ること一年）」は、「一年たって」。

「**千里馬**《せんりのうま》」は、一日に千里も走るような駿馬《しゆんめ》をいう。「**驥**《き》」も同じ。

対義語は、「**駑**《ど》」「**駘**《たい》」で、「のろい馬。駄馬」のことである。

⑮ **所謂**《いはゆる》**大臣**《だいじん》**なる者**《もの》**は道**《みち》**を以**《もつ》**て君**《きみ》**に事**《つか》**ふ。**
「**所謂**《いはゆる》」は、「謂《い》ふ所《ところ》の」で、「世の中で言われているところの…」の意。読みの問題にも出る。

⑯ **後生**《こうせい》**畏**《おそ》**るべし。**
「**後生**《こうせい》」は、「**先生**《せんせい》（＝先に生まれた人）」の対義語で、「あとから生まれた人」の意。「年少者。後輩」や、「子孫」の意で用いる。

「**来者**《らいしや》」も同義である。

「**後世**《こうせい》」は、「子孫」の意。

⑰ **長者**《ちやうじや》**と期**《き》**して後**《おく》**るるは何**《なん》**ぞや。**
「**長者**《ちやうじや》」は、「年長者」に対する敬称で、「目上の人。年老いた人」の意。あるいは、「徳の高い人」「身分の高い人。権勢のある人」や、「大金持ち」の意で用いる例もなくはない。ここでは文脈上、**イ**「大富豪」は入りにくい。単に「背の高い人」の意のこともある。

⑱ **布衣**《ふい》**の交**《まじ》**はりすら尚**《な》**ほ相**《あ》**ひ欺**《あざむ》**かず。**
「**布衣**《ふい》」は、麻《あさ》や綿《めん》で織った衣で、それを着ている「庶民」をさす。

「**庶人**《しよじん》」「**庶民**《しよみん》」「**百姓**《ひやくせい》」「**億兆**《おくてう》」も同義。

⑲ **大丈夫**《だいぢやうふ》**当**《まさ》**に天下**《てんか》**を掃除**《さうぢ》**すべし。**
「**大丈夫**《だいぢやうふ》」は、意志のしっかりした「立派な男子」。「大《だい》」は美称で、「**丈夫**《ちやうふ》」は、「一人前の、しっかりした男」の意。

今日の日本語の「じょうぶ（＝達者。健康。こわれにくい）」や、「だいじょうぶ（＝しっかりしてあぶなげのないさま。問題ないと保証できるさま）」とは異なる。

⑳ **兵**《へい》**は君子**《くんし》**の器**《き》**に非**《あら》**ず。**
「**兵**《へい》」は、「兵士。兵隊」「武器。兵器」「戦争」「軍備」「軍隊」など、いろいろな意味があるが、「武器」「戦争」の意が大事。

「**干戈**《かんくわ》」「**戎馬**《じゆうば》」も、「戦争」の意。

「**兵**《へい》**ス**」（サ変）と、動詞に用いた場合は、「斬《き》り殺す」意になる。

「殺す」意は、ほかに、「**誅**《ちう》**ス**（＝罪のある者を殺す。一家皆殺しにする。責め咎《とが》める）」「**戮**《りく》**ス**（＝死罪に処する。死体をさらす。はずかしめる)」「**害《がい》ス**(＝殺す。傷つける)」などがある。

㉑ **海内《かいだい》に知己《ちき》存《そん》す。**

「**海内《かいだい》**」は、「国内。天下」の意で、「**海外《かいぐわい》**(＝外国)」が対義語である。

「**四海《しかい》**」「**宇内《うだい》**」も、「天下」、あるいは「世界」の意。

「**江湖《かうこ》**」「**人間《じんかん》**」「**世間《せけん》**」「**世上《せじやう》**」「**世俗《せぞく》**」などは、「世の中。世間」の意である。

㉒ **此《こ》の木《き》不材《ふざい》を以《もつ》て、其《そ》の天年《てんねん》を終《を》ふるを得《う》。**

「**天年《てんねん》**」は、「寿命(＝天から受けた命数)」。

「**天寿《てんじゅ》**」も同義である。

㉓ **二三子《にさんし》之《これ》を戒《いまし》めよ。**

「**二三子《にさんし》**」は、師が門人など数人に「おまえたち」と呼びかける語。

「**小子《せうし》**」も同じである。

また、「二三子《にさんし》」は、君主が諸侯や臣下の数人に呼びかけたり、「小子《せうし》」は、身分の高い人が身分の低い者を呼んだり、自分の謙称として用いることもある。

㉔ **郷党《きやうたう》の笑《わら》ふ所《ところ》と為《な》る。**

「**郷党《きやうたう》**」は、「同郷の人」、あるいは「村。村里」。

「**郷里《きやうり》**」は、やはり「村里」および「村人」、あるいは「ふるさと」。

「**郷関《きやうくわん》**」は、「ふるさと」。

「**郷人《きやうじん》**」は、「故郷の人。里人」、あるいは「田舎者。俗人」の意である。

㉕ **食客数千人《しよくかくすうせんにん》あり。**

「**食客《しよくかく》**」は、「客分(＝客として扱うこと)としてかかえた家来」のことである。春秋戦国時代の話にはよく出てくる語なので知っておきたい。「**客**」だけでも「食客」のことがある。

「**門下《もんか》**」「**門人《もんじん》**」などは、ふつうには「弟子」のことであるが、「食客」の意にも用いる。

3 「句法（句形）」の復習69

別冊（問題）p.20

まとめ 書き下し文の注意点

❶ 返り点に従い、漢字プラス送り仮名を読む。
❷ 文語文法に従い、歴史的仮名づかいを用いる。
＊「現代仮名づかいでもよい」などの条件がある場合は、条件に従う。
❸ 読まない字（置き字）は書かない。
「而」「於・于・乎」「矣・焉」「兮」など。
❹ 日本語の助詞・助動詞にあたる字はひらがなにする。
⬇日本語の助詞にあたる字
者（は）　之（の）　与（と）　自・従（より）
乎・也・哉・耶・邪・歟・与（や・か）
夫・矣・哉・与（かな）　耳・已・爾（のみ）
⬇日本語の助動詞にあたる字
見・為・被（る・らる）　使・令・教・遣（しむ）
不・弗（ず）　可（べし）　也（なり）　為（たり）
如・若（ごとし）
❺ 再読文字の二度めの読みはひらがなにする。

A 再読文字（二度読む字）

別冊（問題）p.20

解答

① Ⅰ いまだかつてはいぼくせず
Ⅱ 今まで一度も敗北したことがない
② Ⅰ まさにそのもんにいらんとす
Ⅱ 今にもその門に入ろうとしている
③ Ⅰ （若《も》し用《もち》ひずんば、）まさにこれをころすべし
Ⅱ （もし登用しないのなら、）その者を殺すべきである
④ Ⅰ まさにこきや（ょ）うのことをしるべし
Ⅱ きっと故郷のことを知っているだろう
⑤ Ⅰ （事《こと》を為《な》すには、）すべからくはじめをつつしむべし
Ⅱ （事を行うには、）最初を慎重にする必要がある
⑥ Ⅰ よろしくしのげんにしたがふ（う）べし
Ⅱ 先生の言葉に従うのがよろしい

⑦ Ⅰ（仁《じん》の不仁《ふじん》に勝《か》つは、）なほ（お）みづ（ず）のひにかつがごとし
Ⅱ（仁が不仁に勝つのは、）あたかも水が火に勝つようなものである
⑧ Ⅰ（子《し》）なんぞじんせいをおこなは（わ）ざる
Ⅱ（あなたは）どうして思いやりの政治を行わないのか（行ったらどうか）

解説

①「**未**」は、「**いまダ…セ（未然形）ず**」で、「**まだ…ない**」と訳す再読文字。例文のように、「未嘗…（いまダかつテ）」の形で用いられることも多い。

②「**将**」は、「**且**」でも同じ（まれに「方」「合」も同様に用いることがある）で、「**まさニ…セ（未然形）ントす**」と読み、「**今にも…しようとする。…しそうだ**」の意の再読文字。「…ント」から二度めの読み「す」（サ変）に返る読み方がポイントである。

「入」は「いル（ラ・四段）」で、「入る」に返る送り仮名として「二」を付ける。「其《そ》の門《もん》に入《い》る」である。

③「**当**」は、「**まさニ…ス（終止形）ベシ**」で、「**当然…すべきだ。…しなければならない**」の意の再読文字。

「之《これ》」に付ける送り仮名は「ヲ」。「之《これ》を殺《ころ》す」である。

④「**応**」も、読み方は、「当」と同じで「**まさニ…ス（終止形）ベシ**」であるが、こちらは基本、「**きっと…だろう**」と推量の意になる。

「故郷の事」「…を知る」と送り仮名を補う。

⑤「**須**」は、「**すべかラク…ス（終止形）ベシ**」で、「**…する必要がある。…しなければならない**」の意の再読文字。

「須」には、動詞「まツ（＝待ちうける）」、「もちフ（＝必要とする。助けとする）」の用法もあり、注意したい。

⑥「**宜**」は、「**よろシク…ス（終止形）ベシ**」で、「**…するのがよろしい（よい）**」の意の再読文字。

「之」はここでは「の」と読む。「…に従《したが》ふ」の送り仮名もポイントである。

⑦「**猶**」は、「**由**」でも同じで、「**なホ…（体言）ノごとシ**」、「**なホ…スル（連体形）ガごとシ**」と読み、「**あたかも…のよう**

だ。ちょうど…と同じだ」の意の再読文字。
「勝つ」は活用語であるから、「勝つがごとし」である。

⑧「盍」は、「**なんゾ…セ（未然形）ザル**」で、「**どうして…しないのか**」、あるいは、「**…したらどうか。…すればよいではないか**」のように、勧誘の訳し方をする再読文字。

「行」は、ここでは「おこなフ」と読む。

まとめ 再読文字

❶ 未ダレ A（セ）
読 いまダA（セ）ず
訳 まだA（し）ない

❷ 将ニレ A（セ）ントト（且）
読 まさニA（セ）ントす
訳 今にもA（し）ようとする
A（し）そうだ

❸ 当ニシレ A（ス）
読 まさニA（ス）ベシ
訳 当然A（す）べきだ
Aしなければならない
きっとA（する）だろう

❹ 応ニシレ A（ス）
読 まさニA（ス）ベシ
訳 きっとA（する）だろう
Aしなければならない

❺ 宜シクシレ A（ス）
読 よろシクA（ス）ベシ
訳 Aするのがよろしい

❻ 須ラクシレ A（ス）
読 すべかラクA（ス）ベシ
訳 Aする必要がある
Aしなければならない

❼ 猶ホシレ Aノ（スルガ）（由）
読 なホAノごとシ
なホA（スルガ）ごとシ
訳 あたかもAのようだ
ちょうどAと同じだ

❽ 盍ゾルレ A（セ）
読 なんゾA（セ）ざル
訳 どうしてA（し）ないのか
Aしたらどうか
Aすればよいではないか

B 置き字（読まない字）

別冊（問題）p.21

解答

① a 而 b 矣 ② c 於 d 而 e 於 ③ f 於 g 而 h 於 ④ i 而 j 矣

解説

① **過《あやま》ちて改《あらた》めざる、是《これ》を過《あやま》ちと謂《い》ふ。**
aは「而」で、「過《あやま》ちて」の「て」（接続助詞）のはたらきをしている。文末のbは、断言・強調のはたらきの「矣」で、「焉・也」でも同じである。

② **良薬《りやうやく》は口《くち》に苦《にが》けれども病《やまひ》に利《り》あり。**
cは「於」で、下の「口《くち》」（補語）の送り仮名「ニ」のはたらきをしている。eも同じく「於」で、「病《やまひ》」の送り仮名「ニ」のはたらきをしている。dは「而」で、「苦《にが》けれども」の「ども」（逆接の接続助詞）のはたらきである。

③ **青《あを》は之《これ》を藍《あゐ》より取《と》りて藍《あゐ》よりも青《あを》し。**
fは「於」で、下にある「藍《あゐ》」の送り仮名「ヨリ」（動作の起点）、hも「於」で、下の「藍《あゐ》」の送り仮名「ヨリモ」（比較）のはたらきをしている。gの「而」は、「取《と》りて」の「て」（接続助詞）にあたる。

④ **故《ふる》きを温《たづ》ねて新《あたら》しきを知《し》らば、以《もつ》て師《し》と為《な》るべし。**
iは「而」で、「温《たづ》ねて」の「て」（接続助詞）のはたらき。jは「矣」で、文末で断言・強調の意を添える。

まとめ　置き字

❶ **而**《ジ》……文中にあって**接続助詞**（直前の語の送り仮名の「**テ・デ・シテ・ドモ**」など）のはたらきをする。「テ・デ・シテ」であれば**順接**、「ドモ」であれば**逆接**である。

❷ **於**《オ》・**于**《ウ》・**乎**《コ》……文中の補語の前に置かれて、**補語の送り仮名**「**ニ・ト・ヨリ・ヨリモ**」などのはたらきをする。

❸ **矣**《イ》・**焉**《エン》・（**也**《ヤ》）……文（句）末で、**断言**・**強調**の意を添える。

❹ **兮**《ケイ》……詩の中で、**整調のはたらき**をする。

C 否定・不可能・禁止形

別冊（問題）p.22

解答

① Ⅰロ　Ⅱイ　② Ⅰニ　Ⅱロ　③ Ⅰハ　Ⅱニ

④ Ⅰイ Ⅱロ ⑤ Ⅰニ Ⅱイ

⑥ Ⅰ（土佐《とさ》の国《くに》は）物《もの》として有《あ》らざるは無《な》し
Ⅱ（土佐の国には）何でもある

⑦ Ⅰ（為《な》さざるなり、）能《あた》はざるに非《あら》ざるなり
Ⅱ（やらないのである、）できないのではない

⑧ Ⅰ（父母《ふぼ》の年《とし》は）知《し》らざるべからざるなり
Ⅱ（父母の年齢は）知っていなければならない

⑨ Ⅰ（己《おのれ》の長《ちやう》を説《と》くこと勿《な》かれ、）人《ひと》の短《たん》を難《なん》ずること勿《な》かれ
Ⅱ（自分の長所を説いてはならない、）人の短所を非難してはならない

⑩ Ⅰ（兎《うさぎ》）復《ま》た得《う》べからず
Ⅱ（兎は）二度とふたたびつかまえられなかった

解説

重要句法 否定の基本形

❶ 不レAセ （弗）
読 Aセ（＝未然形）ず
訳 Aしない

❷ 無シレA（スルモノ）
読 A（体言）（スル＝連体形・スルモノ）なシ
訳 A（するもの）はない

❸ 非ズレA（スル）ニ （匪）
読 A（体言）（スル＝連体形）ニあらズ
訳 A（するの）ではない

①「無レ不レA（Aセざルハなシ）＝Aしないものはない」の形の**二重否定**。

二重否定は強い肯定であるから、「誰だって自分の親を愛することは知っている」のように訳してもよい。

②「不二敢不一レA（あヘテAセずンバアラず）＝Aしないわけにはいかない」の形の**二重否定**。「**ずンバアラず**」の読み方がポイントである。

重要句法 主な二重否定の形

❶ 無シレ不ル（ハ）レAセ
読 Aセざル（ハ）なシ
訳 Aしないもの（こと）はない

❷ 無シレ非ザル（ハ）レAニ
読 Aニあらザル（ハ）なシ
訳 Aでないもの（こと）はない

❸ 非ズレ不ルニレAセ
読 Aセざルニあらズ
訳 Aしないの（Aしないわけ）ではない

❹ 非《ズ》レ無《キニ》レA
読 Aなキニあらズ
訳 Aがないの（Aがないわけ）ではない

❺ 不二敢《ヘテ》不《ンバアラ》一レA《セ》
読 あへテAセずンバアラず
訳 Aしないわけにはいかない

❻ 未《ダ》二嘗《テ》不《ンバアラ》一レA《セ》
読 いまダかつテAセずンバアラず
訳 まだ今まで一度もAしなかったことはない

❼ 不レ可《カラ》レ不《ル》レA《セ》
読 Aセざルべカラず
訳 Aしなければならない

③「**不レ可レA**（Aスベカラず）」の**不可能形の変型**で、「**不レ可二勝A一**（**あゲテAスベカラず**）」で、「**Aしきれないほど多い**」という意味を表す。「不レ可レ勝レA（Aスルニたフベカラず）」と読んでも意味は同じである。

重要句法 **不可能の形**

❶ 不レ能《ハ》レA《スル(コト)》
読 Aスル（コト）あたハず
訳 A（することが）できない

❷ 無《シ》二能《ク》A《スル(モノ)》一
読 よクAスル（モノ）なシ
訳 A（することの）できるものはない

❸ 不レ可《カラ》レA《ス》
読 Aスベカラず
訳 A（することが）できない

❹ 不レ得レA《スルヲ》
読 Aスルヲえず
訳 A（することが）できない

④「**無二A B一**（ABトなク）」、あるいは「**無レA 無レB**（Aトなク Bトなク）」の形で、「**ABの別なく。ABを問わず**」と訳す形。
AとBには、「男・女」「老・若」「大・小」などのように対義語が入る。

⑤「**不二必A一**（かならズシモAセず）＝必ずしもA（する）とは限らない」という、**部分否定**の形。

重要句法 **部分否定（全部否定）**

❶ 不二常《ニハ》A《セ》一
読 つねニハAセず
訳 いつもAするとは限らない

*「常《ニ》不レA《セ》（＝常ニAセず）」であれば**全部否定**で、「いつもAしない」。

❷ 不二復《タ》A《セ》一
読 まタAセず
訳 二度とふたたびAしない

＊「一度はAしたが」が前提ではないケースもある。

＊「復《タ》不レA《セ》（＝復タAセず）」であれば**全部否定**で、「今度もまたAしない」。

❸ **不二倶《ニハ》A《セ》一** 読 ともニハAセず 訳 両方ともにAすることはない

❹ **不二必《ズシモ》A《セ》一** 読 かならズシモAセず 訳 必ずしもAするとは限らない

❺ **不二甚《ダシクハ》A《セ》一** 読 はなはダシクハAセず 訳 それほどAしない（Aではない）

❻ **不二尽《クハ》A《セ》一** 読 ことごとクハAセず 訳 すべてをAするわけではない

❼ **不二再《ビハ》A《セ》一** 読 ふたたビハAセず 訳 二度とふたたびAしない

❽ **不二重《ネテハ》A《セ》一** 読 かさネテハAセず 訳 二度とふたたびAしない

＊いずれも「不」が副詞の下にあれば全部否定。

⑥「無レ不レA（Aセざルハなシ）」の**二重否定**の変型。「**無二A不レB**（**AトシテBセざルハなシ**）」と読み、「**Aで、Bしないものはない**」が直訳。「物で、ないものはない」は、イコール「何でもある」ということである。

---

⑦「**不レ能**（あたハず）」の**不可能形**と、「**非レ不**（…ざルニあらズ）＝…しないのではない。…しないわけではない」の**二重否定**が組み合わさったもの。「也（なり）」へ続けるために直前に連体形が必要。訳は、「できないわけではない」でもよい。

⑧「**不レ可レ不レA**（Aセざルべカラず）」で、「Aしなければならない」の意になる**二重否定**。「Aしないのはいけない」が直訳である。

⑨「**勿**」は、「**無・莫・毋**」と同じで、そのままだと形容詞「なシ」であるが、命令形「なカレ」に読むと、「…してはいけない。…しないでくれ。…するな」などの**禁止形**となる。

「不レ可レA（Aスべカラず）」も、**禁止**になることがあるので、「勿《な》し」か「勿《な》かれ」かもそうであるが、文脈からどんな意味になるのか判断しなければならないこともある。

⑩「復《ま》た」の上に「不レ可（べカラず）」の否定（不可能）があるので、「二度とふたたび…ない」の**部分否定**の形。

D 疑問・反語形

別冊（問題）p.24

解答

① 孝と言えようか（、いや、孝とは言えない）
② 先生はどうして由《ゆう》（＝私）を笑うのですか
③ どうして兄弟がいないことを憂えたりしようか（、いや、憂えたりはしない）
④ 何の利益があるだろうか（、いや、何の利益もない）
⑤（今）蛇はどこにいるのか
⑥（まだ生ということもわからない、）どうして死がわかるだろうか（、いや、わかるはずがない）
⑦ どうして父母の恩を忘れたりしようか（、いや、決して忘れたりはしない）
⑧（昔から）誰が死のない者があろうか（、いや、誰もが皆死ぬのだ）
⑨ 誰がこれをできるのか
⑩（虞《ぐ》よ、虞よ、）おまえをどうしたらよいのか（、いや、どうしてやることもできない）
⑪ 顔淵《がんえん》の人柄はどのようであるか
⑫ 人生はどれくらいか
人生はどれくらいであろうか（、いや、どれほどもない）

解説

① **孝《かう》と謂《い》ふべけんや。**

「**乎**（＝**也・哉・与・邪・耶・歟**）」は、文末で、疑問・反語の「や・か」。「連体形・体言」からの読みは「か」、「終止形」からは「や」で、疑問。反語の場合は、「未然形＋ン」からで「や」と読む。「**べけんや**」の「べけ」は、「べし」の古い形の未然形で、漢文では、「べからんや」でなく、「べけんや」と読むのが習慣となっている。

重要句法　文末の「乎」

❶ **連体形＋乎**	読 （…スル）か	
	訳 （…する）のか	〔疑問〕
❷ **終止形＋乎**	読 （…ス）や	
	訳 （…する）のか	〔疑問〕
❸ **未然形＋ン＋乎**	読 （…セ）ンや	
	訳 （…する）だろうか（、いや、（…し）ない）	〔反語〕

*「乎」は、「**哉・也・邪・耶・与・歟**」も同じ。

*文頭に「何ゾ・安クンゾ」など、疑問詞がある場合は、読み方は必ず「や」である。

② **夫子《ふうし》何《なん》ぞ由《いう》を哂《わら》ふや。**

「何ゾ…や」の**疑問形**。「何ゾ」のような疑問詞がある場合は、いわゆる係り結び（結びはハ行四段の連体形「哂《わら》ふ」）になるので、文末の「也」は「や」。

③ **何《なん》ぞ兄弟《けいてい》無《な》きを患《うれ》へんや。**

「何ゾ…ンや」は**反語形**である。

「何」を用いる疑問・反語形はいろいろな形がある。

④ **何《なん》の利《り》か之《こ》れ有《あ》らん。**

「何ノ…カ…ン」という形の**反語形**。「之《こ》れ」は強調で入れられているだけで、「何《なん》の利《り》か有《あ》らん」ということである。

重要句法 「何」の用法

❶ **何ゾ…連体形（乎）**
読 なんゾ（…スル）（や）
訳 どうして（…する）のか〔**疑問**〕

❷ **何ゾ…未然形ン（乎）**
読 なんゾ（…セ）ン（や）
訳 どうして（…する）だろうか（、いや、…しない）〔**反語**〕

*「**なんゾ**」は、「**胡・奚・庸・曷・寧・盍**」なども用いる。

*疑問詞を用いる場合、文末の「乎（＝也・哉・与・邪・耶・歟）」は省略されることがある。

❸ **何クニカ…連体形**
読 いづクニカ（…スル）
訳 どこに（…する）のか〔**疑問**〕

*「**何クニカ…ン**」であれば、「どこに…だろうか（、いや、どこにも…ない）」と、**反語**になる。

*「**いづクニカ**」は、「**安・悪・焉**」なども用いる。

❹ **何ヲカ…連体形**
読 なにヲカ（…スル）
訳 なにを（…する）のか〔**疑問**〕

*「**何ヲカ…ン**」であれば、「なにを…だろうか（、いや、なにも…ない）」と**反語**になる。

❺ **何レノ…カ…連体形**
読 いづレノ…カ（…スル）
訳 どこの（いつの）…が（…する）のか〔**疑問**〕

＊「何レノ…カ…ン」であれば、「どこの（いつの）…が…だろうか（、いや、どこの（いつの）…も…ない）」と反語になる。

❻ **何ノ…アリテカ…連体形**
　読 なんノ…アリテカ（…スル）
　訳 どんな（なんの）…があって（…する）のか〈疑問〉

❼ **何ノ…カ之レ有ラン**
　読 なんノ…カこレあラン
　訳 どんな…があるだろうか（、いや、なんの…もない）〈反語〉

⑤ **今蛇《いまへび》安《いづ》くにか在《あ》る。**

「安」は、ここでは「**いづクニカ**」。「**いづクニカ…連体形**」であれば、**疑問**で、「どこに…か」と訳す。文末の「乎」は省略されている。

⑥ **未《いま》だ生《せい》を知《し》らず、焉《いづ》くんぞ死《し》を知《し》らん。**

「焉」は、「安」と同じで、「**いづクンゾ**」。**文末が「ン」**なので、**反語形**である。ここも、文末の「乎」は省略されている。

「焉」は、文末で置き字として用いられる例も多く、また、「これ」と読むこともあるので注意したい。

重要句法 **「安」の用法**

❶ **安クンゾＡスル（乎）**
　読 いづクンゾＡスル（や）
　訳 どうしてＡするのか〈疑問〉

❷ **安クンゾＡセン（乎）**
　読 いづクンゾＡセン（や）
　訳 どうしてＡするだろうか（、いや、Ａしない）〈反語〉

＊「いづクンゾ」は「寧・焉・悪・烏」も同じ。

＊文末の「や」は「哉・也・与・邪・耶・歟」も同じ。「何ぞ」と同様、省略されることもある。

❸ **安クニカＡスル**
　読 いづクニカＡスル
　訳 どこにＡするのか〈疑問〉

❹ **安クニカＡセン**
　読 いづクニカＡセン
　訳 どこにＡするだろうか（、いや、どこにもＡしない）〈反語〉

＊「いづクニカ」は「**何・奚・焉**」も同じ。

⑦ **豈《あ》に父母《ふぼ》の恩《おん》を忘《わす》れんや。**

「豈ニ…」は、「何ゾ…」「安クンゾ…」と並んで**疑問・反語**

形のベスト3である。「何ゾ…」「安クンゾ…」が、疑問・反語とも用例が多いが、「豈ニ…」は反語であることが多い。

重要句法 **「豈」の用法**

❶ **豈ニ A セン(ナラン) 哉**
読 あニAセン(Aナラン)や
訳 どうしてAする(Aである)だろうか(、いや、Aしない(Aではない)) 〔反語〕

＊文末の「や」は「**哉**」のほか、「**也・乎・耶・邪・与・歟**」を用いても同じである。

＊「豈…哉」は基本的に反語であるが、まれに「豈ニ…連体形＋や」と読んで「…だろうか」と、**推量を含んだ疑問**になっていることもある。

❷ **豈ニ 不レ A セ(ナラ) 哉**
読 あニAセ(Aナラ)ずや
訳 なんとAではないか 〔詠嘆〕

❸ **豈ニ 非ズレ Aニ 哉**
読 あニAニあらズや
訳 なんとAではないか 〔詠嘆〕

⑧ **古《いにしへ》より誰《たれ》か死《し》無《な》からん。**

「**誰**」は、「**たれ**」と読む。ここは、「**たれカ…ン**」であるから**反語**である。「誰が…だろうか(、いや、誰も…ない)」。

⑨ **孰《たれ》か能《よ》く之《これ》を為《な》す。**

「**孰**」は、「**誰**」と同じく、「**たれカ…**」と読む。ここは、「たれカ…連体形」で、**疑問形**。

また、「**孰**」は、「**いづレカ…**」と読み、「どちらが…か」の意で用いることもある。

⑩ **虞《ぐ》や虞《ぐ》や若《なんぢ》を奈何《いかん》せん。**

「**奈何**」は、「**如何**」と同じで、「**いかんセン**」と読む。「どうしたらよいか」と、**方法・手段を問う**。「…をどうしたらよいか」と目的語をとる場合は、例文のように、「**奈レA何**(Aヲいかんセン)」と、二文字の間に入れる。疑問にも反語にも用いるので、文脈をよく見る必要がある。

⑪ **顔淵《がんゑん》の人《ひと》と為《な》りは何如《いかん》。**

「**何如**」は、**文末**で、「**…ハいかん**」と読み、「…はどのようであるか(どうか)」と**状態・状況・事の是非(いいかどうか)を問う**。反語にはならず、**疑問形**である。

重要句法 「如何」と「何如」

❶ …《ハ》如何《セン》

読 …ハいかんセン

訳 …はどうしたらよいか〈疑問〉

…はどうしたらよいだろうか（いや、どうしようもない）〈反語〉

❷ 如《レ》A《ヲ》何《セン》

読 Aヲいかんセン

訳 Aをどうしたらよいか〈疑問〉

Aをどうしたらよいだろうか（いや、どうしようもない）〈反語〉

＊❶・❷とも、「**奈何**」を用いることもある。

＊**方法・手段を問う**。疑問にも反語にも用いる。見かけの上では疑問か反語かはわからないので、文脈から判断する。

❸ 如何《ゾ》A《スル》

読 いかんゾAスル

訳 どうしてAするのか〈疑問〉

＊「何ゾ・安クンゾ」などと同じように用いる。

＊疑問にも反語にも用いる。反語の場合は「Aセン」。

❹ …《ハ》何如

読 …ハいかん

訳 …はどうであるか〈疑問〉

＊「**何若・奚如・奚若**」なども同じ。

＊**状態・状況・事の是非を問う**。疑問のみ。

⑫ **人生幾何《じんせいいくばく》ぞ。**

「**幾何**（**幾許**）」は、「**いくばくゾ**」で、「どれくらいか」、あるいは、「どれほどであろうか（いや、どれほどでもない）」の意。疑問にも反語にも用いる。

E 使役形

別冊（問題）p.25

解答

① Ⅰ 王人《わうひと》をして之《これ》を学《まな》ばしむ

Ⅱ 王は人をやってこれを学ばせた

② Ⅰ （秦王《しんわう》）使者《ししや》をして趙王《てうわう》に告《つ》げしむ

Ⅱ （秦王は）使者をやって趙王に告げさせた

③ Ⅰ 韓信《かんしん》をして反《はん》せしむるは何《なん》ぞや

Ⅱ 韓信に謀反《むほん》を起こさせたのはどうしてか

④ Ⅰ 豎子《じゅし》に命《めい》じて雁《がん》を殺《ころ》さしむ

Ⅱ 召し使いに命じて雁を殺させた

⑤ Ⅰ 将《しやう》を遣《つか》はして関《くわん》を守《まも》らしむ

Ⅱ 将軍を派遣して関所を守らせた

解説

①「A 令ニB C一（ABヲシテCセしム）」という**使役の公式**である。あらゆる「句法」の中でも、反語と並んで最も問われやすい。使役の対象にあたるB（問題文では「人」）に「**ヲシテ**」という送り仮名が付くことがポイントである。

「しム」は、未然形に接続する。

②「告《つ》ぐ」は、ガ行下二段動詞。

③文末の「…ハ何ゾや」に続けるために、「しム」は連体形「しムル」にする。

重要句法　使役の公式

A 使ムニ BヲシテCセ一

読　ABヲシテCセしム

訳　AはBにCさせる

＊「しム」は「**令・教・遣・俾**」を用いても同じ。

＊Aは主語、Bは**使役の対象**（誰にやらせるか）で、ここに「**ヲシテ**」という送り仮名が付くことがポイント。**Cは使役の内容**（何をやらせるか）。

④「**A 命レB C（ABニめいジテCセシム）**」という形の**使役形**。

「命《めい》ず」のような使役のニュアンスを含む語を、公式のように「しム」と用いず、そのまま「命《めい》じて」と読み、使役の内容を表す語に、送り仮名で「シム」を付ける。

⑤「**遣**」は、公式の形でも用いる。「遣ニ将 守レ関」となっていれば、「将《しやう》をして関《くわん》を守《まも》らしむ」である。

「ABニ命ジテCセシム」のように読む使役形はかなりの例がある。主なものは、

A 召レB C（ABヲめシテCセシム）

A 説レB C（ABニとキテCセシム）

A 勧レB C（ABニすすメテCセシム）

A 挙レB C（ABヲあゲテCセシム）

A 属レB C（ABニしよくシテCセシム）

「挙《あ》げて」は「挙用（登用）して」、「属《しよく》して」は「頼んで」

の意。

これらに限らず、「…して…させる」という、使役のニュアンスを持つ語は多く、いずれも、この形で読むことがある。

F 受身形

別冊（問題）p.26

解答

① Ⅰ（信《しん》にして）疑《うたが》はる
Ⅱ（正直なのに）疑われた

② Ⅰ 且《まさ》に禽《とりこ》にせられんとす
Ⅱ いまにも捕虜にされそうになった

③ Ⅰ（君子《くんし》は能《あた》はざるを恥《は》ぢ、）用《もち》ひられざるを恥《は》ぢず
Ⅱ（君子は挙用された場合、その任務をできないことは恥とするが、）挙用されないことを恥とはしない

④ Ⅰ（財多《ざいおほ》きを以《もつ》て）盗《たう》の害《がい》する所《ところ》と為《な》る
Ⅱ（財産が多かったために）盗賊に殺された

⑤ Ⅰ（人《ひと》を欺《あざむ》く者《もの》は却《かへ》つて）人《ひと》の欺《あざむ》く所《ところ》と為《な》る
Ⅱ（人をあざむく者は、逆に）人にあざむかれる

解説

① 「**見**」は、**受身の助動詞「る・らル」**にあたる。ここは、下の「疑《うたが》ふ（ハ・四段）」から返るので、「る」。

② 「禽《とりこ》にす」はサ変動詞であるから、「**見**」は「らル」である。さらに、冒頭に、再読文字「且（まさニ…未然形＋ントす）」があるので、「禽《とりこ》にせ」＋「られ」＋「んとす」となる。

③ 「用《もち》ふ（ハ・上二段）」から返読するので、「**見**」は「らル」であるが、ここから「不（ず）」へ返読するので、未然形にして「られ」。「ざルヲはヂず」については、前半部の「能《あた》はざるを恥《は》ぢ」にならえばよい。

④ 「**為二A 所レB（AノBスルところトなル）**」という形の**受身の公式**である。使役の公式と並んで、非常に問われやすい。「害《がい》す」はサ変動詞。

⑤ これも、**受身の公式**である。「欺《あざむ》く」は、カ行四段動詞。

重要句法 受身形のいろいろ

❶ 見レ A　読 A（未然形）る・らル
（被・為・所）　訳 A（未然形）れる・られる。Aされる

四段・ナ変・ラ変 ――→ る
その他の動詞 ――→ らル

＊漢文ではナ変（死ぬ・往ぬ）はなく（漢文では、「死ぬ」はサ変の「死《し》す」）、ラ変も「侍《はべ》り・いまそかり」は用いず、「あり・をり」が受身になることはない。

❷ A 為ル二 Bノ 所トレ Cスル　読 ABノCスルところトなル
訳 AはBにCされる

＊Aは主語、Bは受身の対象（誰・何にされるのか）、Cは受身の内容（何をされるのか）。

❸ Aハ Cセラル二 於 Bニ一　読 AハBニCセラル
訳 AはBにCされる

＊置き字「於・于・乎」による受身形。Cの部分に送り仮名で「ル・ラル」が付く。

G 比較・選択形

別冊（問題）p.27

解答

① Ⅰ（百聞《ひゃくぶん》は）いつけんにしかず
Ⅱ（百回聞くことは）一回見ることには及ばない

② Ⅰ（人《ひと》の急《きふ》にする所《ところ》は、）そのみにしくはなし
Ⅱ（人が大切にするものに関しては、）自分の身にまさるものはない

③ Ⅰ（楽《たの》しみ、）これよりだいなるはなし
Ⅱ（楽しみとして、）これより大きいものはない

④ 人が自分を殺すよりは（＝人に殺されるくらいなら）むしろ自分で死のう

⑤ 漢は我が国の大きさに比べてどうか（我が国ほど大きくはないであろう）

解説

①「（百回人に聞くよりも）一回自分で見るほうがよい」のように訳してもよい。「如《し》く」は「及ぶ」の意。

② 「AハBニしクハなシ」は、AとBとを比べているのではなく、「Aに関してはBにまさるものはない」「Aに関してはBが一番である」と訳す形。

③ 「無(莫)レAレ焉」で「これヨリAナルハなシ」と読む形。「大《だい》なるは」は、「大《おほ》きなるは」でもよい。

重要句法　比較の公式

❶ Aハ 不レ如レカ Bニ　(若)
読 AハBニしカず
訳 AはBには及ばない
AよりはBのほうがよい

❷ Aハ 無レシ 如レクハ Bニ　(莫)(若)
読 AハBニしクハなシ
訳 Aに関してはBにまさるものはない

④ **人我《ひとわれ》を刃《じん》せんよりは、寧《むし》ろ自刃《じじん》せん。**
「与レA 寧 B(AよりハむしロB)」で、Bのほうをとる形である。「与(よりハ)」「寧(むしロ)」が読めればOKである。

⑤ **漢《かん》は我《われ》の大《だい》なるに孰与《いづ》れぞ。**
「A 孰二与 B一(AハBニいづレゾ)」で、「AはBに比べてどうか」と、「どちらが…か」と尋ねているのであるが、「Bのほうが…であろう」という気持ちを言外に表す。

重要句法　選択形のいろいろ

(1) AとBを比べて、Aのほうをとる選択形

❶ 寧ロ Aストモ 無レカレ Bスルコト
読 むしロAストモBスルコトなカレ
訳 むしろAしてもBするな
(＝BするよりはAせよ)

❷ 寧ロ Aストモ 無レカラン Bスルコト
読 むしロAストモBスルコトなカラン
訳 むしろAしてもBすることはないようにしよう(＝BするよりはAするつもりだ)

❸ 寧ロ Aストモ 不レBセ
読 むしロAストモBセず
訳 むしろAしてもBはしない
(＝BするよりはAする)

(2) AとBを比べて、Bのほうをとる選択形

❹ 与レリハ Aスル 寧ロ Bセヨ
読 AスルよりハむしロBセヨ
訳 AするよりはむしろBせよ

❺ **与《リハ》レ A《スル》 寧《ロ》 B《セン》**
読 AスルよりリハむしロBセン
訳 AするよりはむしろBしよう（＝Bするつもりだ）

❻ **与《リハ》レ A《スル》 不レ 如《カ》レ B《（スル）ニ》**
読 AスルよりリハB（スル）ニしカず
訳 AするよりはBするほうがよい

H 仮定形

別冊（問題）p.28

解答

① Ⅰ たとひ（い）われゆかずとも（、子《し》来《き》たれ。）
Ⅱ たとえ私が行かなくても（、あなたは来てください。）

② Ⅰ くにだいなりといへ（え）ども（、戦《たたか》ひを好《この》めば必《かなら》ず亡《ほろ》ぶ。）
Ⅱ 国が大きいといっても（、戦争を好めば必ず滅びる。）

③ Ⅰ こうま（も）うなかりせば（、王道興《わうだうおこ》らざらん。）
Ⅱ 孔子《こうし》と孟子《もうし》がいなかったら（、王道は興らなかったであろう。）（＝孔子と孟子がいたから王道は興った。）

解説

①「縦」は、「**たとヒ…（ス）トモ**」、あるいは、「**たとヒ…（スル）モ**」で、「たとえ…であっても（…としても）」。
「たとヒ」は、「**仮令・仮使・縦令・縦使・縦然**」の二文字で「たとヒ」と読むケースもある。

②「**雖レA（Aトいへどモ）**」と、「**ト」から返る**ことが、読みの上ではポイント。
基本的には、**逆接仮定条件**であるが、「…だけれども」と、**逆接確定条件**に訳すケースもある。

③古文で勉強する「…せば…まし」「…ましかば…まし」などの**反実仮想**（もし…だったら…であろうに）にあたる。「微」の「なかリセバ」という読み方は、覚えている必要がある。

重要句法 仮定形

❶ **如《シ》…《バ》**
（若）
読 もシ…（未然形）バ
訳 もし…ならば

❷ 苟シクモ…バ
読 いやシクモ…（未然形）バ
訳 かりにも…ならば

❸ 縦ヒ…トモ
読 たとヒ…（終止形）トモ・（連体形）モ
訳 たとい…（であっ）ても
…だとしても

❹ 雖モ二…ト一
読 …トいへどモ
訳 …とはいっても
…であるけれども

❺ 微カリセバ二…一
読 …なカリセバ
訳 …が（い）なかったならば（…だったであろうに）

I 抑揚・累加形

別冊（問題）p.28

解答

① Ⅰハ Ⅱロ ② Ⅰニ Ⅱイ ③ Ⅰロ Ⅱロ
④ Ⅰイ Ⅱニ ⑤ Ⅰロ Ⅱニ ⑥ Ⅰニ Ⅱハ

解説

①「**A尚（猶・且）B、況C乎**」で、「**Aスラなホ（かツ）B、いはンヤCヲや**」と読み、「AでさえBなのだ（から）、ましてCであればなおさらBだ」と訳す**抑揚形**。意味の上では、Bを強調することがポイントで、読み方の上では「いはンヤ…ヲや」という呼応のしかたがポイントである。

前半部は、「天地《てんち》すら尚《な》ほ久《ひさ》しくする能《あた》はず（＝天地でさえ永遠であることはできない（のだから））」。

②「**A且（猶・尚）B、安C乎（哉）**」で、「**Aスラかツ（なホ）B、いづクンゾCンや**」と読み、「AでさえBなのだ（から）、どうしてC（する）だろうか、いやCではないBだ」の意になる**抑揚形**。

後半の反語形は、「安（いづクンゾ）」でなくてもよい。

①の形とは別の形のようではあるが、Bの位置にあることを強調するという点では同じである。

後半部は、「人安《ひといづ》くんぞ恩《おん》を知《し》らざらんや（＝人間がどうして恩を知らないことがあろうか）」。

重要句法 **抑揚の公式**

❶ Aスラ猶ホB、況ンヤCヲ乎（尚ホ且ツ）

読 Aスラなホ（かツ）B、いはンヤCヲや

訳 AでさえBなのだ（から）、ましてCであればなおさら（B）だ

❷ Aスラ猶ホB、安クンゾCン乎（尚ホ且ツ）

読 Aスラなホ（かツ）B、いづクンゾCンや

訳 AでさえBなのだ（から）、どうしてCであろうか（、いやCではない（Bだ））

＊❷は、**後半に反語形**がくる形で、「安クンゾ」でなくてもよい。

③「**不㆓唯…㆒**」で、「**たダニ…ノミナラず**」と読み、「ただ…（する）だけでなく、（その上…）」の意になる**累加形**。「**累加**」とは、「かさねくわえる」こと。

この場合は「**否定＋限定**」型の**累加形**である。

後半部は、「以《もつ》て老《らう》を終《を》ふべし（＝晩年をすごすにはよいところだ）」。

④これも、「**否定＋限定**」型の**累加形**。「**非㆓徒…㆒**」で、「**たダニ…ノミニあらズ**」と読み、③と同じく、「ただ…だけでなく、（その上…）」と訳す。

「非」は「…ニあらズ」と「ニ」から返読し、「ニ」の前は、体言か活用語の連体形である。

後半部は、「又之《またこれ》を害《がい》す（＝その上害まで与えている）」。

⑤「**反語＋限定**」型の**累加形**。「**豈惟…**」で、「**あニたダニ…ノミナランヤ**」と読み、「どうしてただ…なだけであろうか（、いや、ただ…なだけでなく、その上…）」のような訳し方になる。

後半部は、「之《これ》を盗《ぬす》む（＝その上盗んでさえいる）」。

⑥これも、「**反語＋限定**」型の**累加形**。「**何独…**」で、「**なんゾひとリ…ノミナランヤ**」と読み、「どうしてただ…なだけであろうか（、いや、ただ…なだけでなく、その上…）」と、⑤と同じように訳す。

重要句法 累加形

(1)「否定＋限定」型の累加形

❶ **不**二**惟**《ダニ》（**独**《リ》）**A**《ノミナラ》一、**B**

読 たダニ（ひとリ）Aノミナラず、B

訳 ただAなだけでなく、（その上）B

❷ **非**《ズ》二**惟**《ダニ》（**独**《リ》）**A**《ノミニ》一、**B**

読 たダニ（ひとリ）Aノミニあらズ、B

訳 ただAなだけでなく、（その上）B

＊「たダニ」は「**唯・徒**」なども用いる。

(2)「反語＋限定」型の累加形

❸ **豈**《ニ》**惟**《ダニ》（**独**《リ》）**A**《ノミナランヤ》、**B**

読 あニたダニ（ひとリ）Aノミナランヤ、B

訳 どうしてただAなだけであろうか、（いや、ただAなだけでなく、さらに）B

＊「たダニ」は「**唯・徒**」なども用いる。

＊「豈唯A哉」と、「や」と読む字を用いることもある。

❹ **何**《ゾ》**独**《リ》（**惟**《ダニ》）**A**《ノミナランヤ》、**B**

読 なんゾひとリ（たダニ）Aノミナランヤ、B

訳 どうしてただAなだけであろうか、（いや、ただAなだけでなく、さらに）B

J 願望形

別冊（問題）p.30

解答

① どうか大王様急いでお渡りください。
② どうか戦争の話でたとえさせてください。
③ 王様、どうかこれをお改めください。
④ 何とかして人に笑われないようにしたい。

解説

① **願**《ねが》**はくは大王**《だいわう》**急**《いそ》**ぎ渡**《わた》**れ。**

「**願はくは…命令形**」で、相手（ここでは「大王」）に「**どうか…してください**」と願う形。相手は「大王」であるから、訳す場合、丁寧・尊敬表現にも留意したい。

② **請《こ》ふ戦《たたか》ひを以《もつ》て喩《たと》へん。**

「**請フ…ン**」で、自分に「**どうか…させてください**」と願う形。「ン」は意志の助動詞「む（ん）」で、未然形に接続する。

③ **王庶幾《わうこひねが》はくは之《これ》を改《あらた》めよ。**

「**庶幾**」は「**こひねがハクハ**」と読む。「請《こ》ふ」「願《ねが》はくは」よりも丁寧な表現で、ここは、文末が命令形であるから、「どうか…してください」。

④ **庶《こひねが》はくは人《ひと》の笑《わら》ふ所《ところ》と為《な》るを免《まぬか》れん。**

「こひねがハクハ…ン」を、「**何とかして…したい**」のように訳す例。「…ノ…スル所ト為ル」の受身形もからんでいる。

重要句法　願望形

願《ねがハクハ》（幸）
請《こフ》（乞）
冀《こひねがハクハ》（庶・庶幾）

……

ン（自己の願望）
訳 どうか…させてください
何とかして…したい

命令形（相手への願望）
訳 どうか…してください

K 比況形

別冊（問題）p.31

解答

① Ⅰ 人生《じんせい》は朝露《てうろ》のごとし
Ⅱ 人生は朝の露のよう（にはかないもの）だ

② Ⅰ （大国《たいこく》を治《をさ》むるは）小鮮《せうせん》を烹《に》るがごとし
Ⅱ （大国を治めるのは）小魚を煮るようなものだ

解説

①**比況の「ごとシ」**は、「**如**」か「**若**」を用いる。

ポイントは「**…ノごとシ**」か、「**…ガごとシ**」かで、この問題の「朝露」のように、体言（名詞）には「ノ」を付けて「ごとシ」に返る。

②「小魚を煮るように（くずれないように）慎重にせよ」ということを言っている。

「烹《に》る」のような動詞（用言）には、「連体形＋ガ」を付けて「ごとシ」に返る。

L 詠嘆形

別冊（問題）p.31

解答

① もっともだなあ（、人民が私を疑うのは。）
② なんと志の小さいことよ
③ なんと悲しいことではないか
④ なんと惜しむべきことではないか
⑤ なんと楽しいことではないか

解説

① **宜《むべ》なるかな、百姓《ひやくせい》の我《われ》を疑《うたが》ふや。**
「**…かな、…や**」という形の**詠嘆形**。

「**かな**」は、「**乎**」のほかに「**夫・矣・与・哉**」なども用いる。

文頭で「**ああ**」と読む「**嗚呼・嗚乎・噫・嘻・吁嗟・嗟于**」などと呼応して、「**ああ…かな**」の形になることもある。

② **何《なん》ぞ志《こころざし》の小《せう》なるや。**
「**何ゾ…や**」という疑問の形を、詠嘆に用いることがある。

見かけの上ではどちらかわからないので、文脈から判断する。

「なんと…なことよ」と訳す。

③④ **豈《あ》に悲《かな》しからずや。**
豈《あ》に惜《を》しむべきに非《あら》ずや。

「**豈ニ…や**」を、反語の場合のように「…ンや」と読まず、「…ずや」「…非ズや」と読んで、詠嘆形として用いる。「なんと…ではないか」と訳す。

⑤ **亦《また》楽《たの》しからずや。**
これも、「…ざらんや」でなく、「…ずや」と読んで、詠嘆形。「なんと…ではないか」と訳す。

重要句法 **疑問・反語型の詠嘆形**

❶ 何ゾ A（ナル）スル 也　読 なんゾAスル（ナル）や　訳 なんとAなことよ
❷ 豈ニ 不レ A（ナラ）セ 哉（非ズレ Aニ）　読 あニAセ（ナラ）ずや／あニAニあらズや　訳 なんとAではないか
❸ 不ニ 亦 A（ナラ）セ一 乎　読 またAセ（ナラ）ずや　訳 なんとAではないか

基礎編

4 返り点を付ける問題24

別冊（問題）
p.32

まとめ 返り点の原則

❶ レ点……レ点をはさんだ下の字から、一文字上の字に返る。

[1] [3]レ [2] [4]

[2]レ [1] [4]レ [3]

[1] [4]レ [3]レ [2]

❷ 一二点……二文字以上隔てた上の字に返る。

[3]二 [1] [2]一

[3]二 [1] [2]一 [6]二 [4] [5]一

＊「三↑二↑一」「四↑三↑二↑一」の形もある。

[5]三 [1] [4]二 [2] [3]一

[7]四 [1] [6]三 [2] [5]二 [3] [4]一

＊レ点と一二点の組合せ。

[4]レ [3]二 [1] [2]一

[4]二 [2]レ [1] [3]一

＊二文字の熟語へ返る場合は、字間に「‐」が入り、上の字の左下に「二」点が付く。

[3]二‐[4] [1] [2]一

❸ 上下点……一二点を用いた句を中にはさんで、さらに上の字に返る。

[5]下 [3]二 [1] [2]一 [4]上

＊「下↑中↑上」の形もある。

[7]下 [3]二 [1] [2]一 [6]中 [4] [5]上

❹ 甲乙点……上下点を用いた句をはさんで、さらに上の字へ返る。

[7]乙 [5]下 [3]二 [1] [2]一 [4]上 [6]甲

＊「丁↑丙↑乙↑甲」の形もある。

[11]丁 [5]下 [3]二 [1] [2]一 [4]上 [10]丙 [6] [9]乙 [7] [8]甲

＊上中下点をパスして甲乙丙丁点を用いるケースもある。

9丁 3二 1 2一 8丙 4 7乙 5 6甲

❺ 一レ点・上レ点……レ点の下の字から読んで、次に一二点・上下点に従って読む。

4二 1 3一レ 2

6下 3二 1 2一 5上レ 4

A 漢字かなまじりの読み方が与えてある形

別冊（問題）p.32

解答

① 人皆有二不レ忍レ人之心一。

② 不レ入二虎穴一、不レ得二虎子一。

③ 立レ身行レ道、揚二名於後世一。

④ 君子不二以レ言挙一レ人。

⑤ 有下献二不死之薬於荊王一者上。

⑥ 君子欲下訥二於言一而敏中於行上。

⑦ 令四諸君知三天亡レ我非二戦之罪一。

⑧ 大丈夫当三掃二除天下一。

解説

① 人皆有二不レ忍レ人之心一。

1 2 8 5 4 3 6 7。

字の読み順は右に示したように、「**人→皆→人→忍→不**（ざ**る**）**→之**（の）**→心→有**」である。

「人→皆」までは返り点は不要。「人《ひと》に忍《しの》びざる」は、「人→忍→不」と一文字ずつ上へ返るので、「忍」の左下、「不」の左下に「**レ**」点。そこから「の心《こころ》」へは下へ行くだけである。返り点は不要。あとは、「心」から「有り」へ五文字返るために、「心」の左下に「一」、「有」の左下に「二」点が必要である。

② 不レ入二虎穴一、不レ得二虎子一。

4 3 1 2、8 7 5 6。

読み順は、「**虎→穴→入→不**（ずんば）**→虎→子→得→不**

（ず）」で、前半と後半は同じ返り方である。

「虎穴《こけつ》に」の「穴」から「入《い》ら」へ返るには、二文字上であるから、「穴」の左下に「一」、「入」の左下に「二」点。「入」から「不」へは一文字であるから、ここを「三」にしないことが大事。一文字上へはあくまで「レ」点である。後半も同じように返ればよい。

③ 立レ身 行レ道、揚二名 於 後 世一。

2 1 4 3、8 5 ■ 6 7。

読み順は、「**身→立→道→行→名→後→世→揚**」。

「**於**」は「後世《こうせい》に」の「に」の役目をしている、読まない**置き字**。読まないが、字数には入るので注意したい。

「立レ身（身《み》を立《た》て）」と「行レ道（道《みち》を行《おこな》ひ）」の「**レ**」点は、それぞれで完結していて、からんではいない。「名《な》を後世《こうせい》に」の「世」から「揚《あ》ぐ」へは、四文字上へ返るので、「世」の左下に「一」、「揚」の左下に「二」点である。

④ 君 子 不二以レ言 挙レ人。

1 2 7 4 3 6 5。

読み順は、「**君→子→言→以→人→挙→不**（ず）」。
「君子《くんし》は」までは返り点は不要。「言《げん》を」から「以《もつ》て」へは一文字上で、「以」の左下に「レ」点。「人を」から「挙《あ》げ」も一文字上で、「挙」の左下に「レ」点であるが、ここから「不」へ三文字返るので、「挙」の左下は、「レ」点と「一」点が同居して、「レ」という形になり、「不」の左下に「二」点となる。

⑤ 有下献二不 死 之 薬 於 荊 王一 者上。

9 7 1 2 3 4 ■ 5 6 8。

読み順は、「**不→死→之**（の）**→薬→荊→王→献→者→有**」。

「**於**」は、③の場合と同じく、ここでは「荊王《けいわう》に」の「に」の役目をしている、読まない**置き字**である。

「不死《ふし》の薬《くすり》を荊王《けいわう》に」までは順に下へ読めばよい。そこから「献《けん》ずる」へは七文字上へ返るので、「王」の左下に「一」、「献」の左下に「二」点。「者」から「有《あ》り」へは九文字返るが、途中ですでに用いた「一二」点をはさむから、「者」の左下は「上」、「有」の左下は「下」点になる。ここを、「三→四」点にしないことがポイント。

⑥ 君 子 欲下訥二於 言一 而 敏中於 行上。

1 2 7 4 ■ 3 ■ 6 ■ 5。

読み順は、「君→子→言→訥→行→敏→欲」。

二か所の「**於**」と「**而**」は、いずれも読まない**置き字**で、「於」は「言《げん》に」「行《おこな》ひに」の「に」、「而」は「訥《とつ》にして」の「して」の役目をしている。

「君子《くんし》は」は返り点は不要。「言《げん》に」から「訥《とつ》にして」へは二文字上へ返るので、「言」の左下に「一」、「訥」の左下に「二」点が付く。あとは、「行《おこな》ひに」から「敏《びん》ならんと」へ二文字、さらにそこから「欲《ほっ》す」へ五文字返る。「一二三」点といきたいところであるが、「一二」点はすでに用いていて、それをはさむので、「**上中下**」点が必要になる。

⑦ 令四諸 君 知三天 亡レ我 非二戦 之 罪一。

11 1 2 10 3 5 4 9 6 7 8。

読み順は、「諸→君→天→我→亡→戦→之（の）**→罪→非→知→令**（しめん）」。

「諸君《しょくん》をして天《てん》の我《われ》を」までは下へ順に読めばよい。「我」から「亡」へは一文字上で、「亡」の左下に「レ」点。「罪」から「非」へは三文字、「非」から「知」へはさらに四文字、「知」から「令」へはさらに三文字上へ順に返るので、「罪」の左下に「一」、「非」の左下に「二」、「知」の左下に「三」、「令」の左下に「四」点となる。

⑧ 大 丈 夫 当三掃二除 天 下一。

1 2 3 9|4 7 8 5 6。

読み順は、「大→丈→夫→当（まさに）**→天→下→掃→除→当**（べし）」。

「**当**」は**再読文字**で二度読んでいる。「大丈夫《だいぢやうふ》」は返り点は不要。再読する「当《まさ》に」の一度めの読みは返り点には関係なし。「天下《てんか》を」から「掃除《さうぢ》す」へ行くのであるが、「掃除《さうぢ》す」は**熟語**なので、二字の間に「―」が必要で、

掃二除 天 下一

のようになる。「一二」点は、熟語の上の字の左下に付ける。そこから「当」の二度めの読みへ返るには、「三」点。

当三掃二除 天 下一

「レ」点でなく「三」点なのは、「掃除」の「除」からは二文字返るからである。

B すべてひらがなの読み方が与えてある形

別冊(問題) p.33

解答

① 恨三 汝 使二 人 知レ 我 耳。

② 雖レ 有二 舟 車一 無レ 乗レ 之。

③ 勿下 以二 善 小一 不上レ 為レ 之。

④ 天 将下 以二 夫 子一 為中 木 鐸上。

⑤ 有レ 所レ 不レ 足、不二 敢 不一レ 勉。

⑥ 能 焚二 書 物一、不レ 能レ 封二 民 口一。

⑦ 未四 嘗 聞三 汝 先 古 之 有二 貴 者一。

⑧ 豈 不レ 知二 以レ 少 撃レ 衆 為一レ 利 哉。

解説

① 恨三 汝 使二 人 知レ 我 耳。

6 1 5 2 4 3 7。

漢字かなまじりにすると、「汝《なんぢ》の人《ひと》をして我《われ》を知《し》らしめしを恨《うら》むのみ」。読み順は、「汝→人→我→知→使（しめしを）→恨→耳（のみ）」。

「しめし」の「し」は過去の助動詞である。漢文は、一般に時制を表す助動詞を補わないが、このように、入れてある例もある。

「汝《なんぢ》の人《ひと》をして我《われ》を」までは下へ。「我《われ》を」から「知《し》ら」へは一文字上へ返るから「レ」点であるが、そこから「使」へ二文字返るので、「知」の左下は「レ」になり、「使」の左下に「二」点。さらにそこから「恨」へ二文字返るから、「恨」の左下に「三」点である。

② 雖レ 有二 舟 車一 無レ 乗レ 之。

4 3 1 2 7 6 5。

漢字かなまじりにすると、「舟車《しうしや》有《あ》りと雖《いへど》も之《これ》に乗《の》ること無《な》し」。読み順は、「舟→車→有→雖→之→乗→無」である。

「舟車《しうしや》」の「車」から「有」へは二文字上へ返るから、「車」の左下に「一」点、「有」の左下に「二」点。さらに「有りと《あ》」から「雖《いへど》も」へは一文字で、「レ」点。「之《これ》に」から「乗《の》ること」、さらに「無《な》し」へは、一文字一文字上へ返るから、「レ」

点「レ」点である。

③ 勿㆘以㆓善小㆒不㆖㆑為㆑之。

[7] [3] [1] [2] [6] [5] [4]。

漢字かなまじりにすると、「**善《ぜん》の小《せう》なるを以《もつ》て之《これ》を為《な》さざること勿《な》かれ**」。**読み順**は、「**善→小→以→之→為→不**（ざる）**→勿**」。

「善《ぜん》の小《せう》なるを」の「小」から「以《もつ》て」へは二文字上へ返るから「一二」点。「之《これ》を」から「為《な》さ」へ、さらに「不（ざること）」へは、一字一字返るから、「レ」点「レ」点である。「不（ざること）」から四文字上の「勿《な》かれ」へ返るのに、「一二」点をはさむ「**上下**」点が必要になるので、「不」の左下は「㆖㆑」となり、「勿」の左下に「下」点である。

④ 天 将㆘以㆓夫 子㆒為㆗木 鐸㆖。

[1] [9|2] [5] [3] [4] [8] [6] [7]。

漢字かなまじりにすると、「**天将《てんまさ》に夫子《ふうし》を以《もつ》て木鐸《ぼくたく》と為《な》さんとす**」。「**将**」は「まさニ…ントす」と二度読む**再読文字**であるから、**読み順**は、「**天→将**（まさに）**→夫→子→以→木→鐸→為→将**（す）」。

「夫子《ふうし》を」から「以《もつ》て」は、「子」から「以」へ「一二」点。このあと、「木鐸《ぼくたく》と」から「為《な》さんと」へ二文字返り、「為」から「将（す）」へ四文字返るので、「一二三」としたいところであるが、「一二」点をはさむので、「上中下」点である。

⑤ 有㆑所㆑不㆑足、不㆓敢 不㆒㆑勉。

[4] [3] [2] [1]、[8] [5] [7] [6]。

漢字かなまじりにすると、「**足《た》らざる所《ところ》有《あ》れば、敢《あ》へて勉《つと》めずんばあらず**」で、**読み順**は、「**足→不**（ざる）**→所→有→敢→勉→不**（ずんばあら）**→不**（ず）」である。

「**不㆓敢 不㆒㆑A**（あヘテAセずンバアラず）」という**二重否定**の形がポイントになっている。

「足→不→所→有」は一文字ずつ上へ返るので、「レ」点が三つ連続。「勉《つと》め」から「不（ずんばあら）」へは「レ」点であるが、そこからもう一つの「不」へ返るので、左下に「㆒㆑」が必要になる。

⑥ 能 焚㆓書 物㆒、不㆑能㆑封㆓民 口㆒。

[1] [4] [2] [3]、[9] [8] [7] [5] [6]。

漢字かなまじりにすると、「**能《よ》く書物《しよもつ》を焚《や》くも、民《たみ》の口《くち》を封《ふう》**

ずる能《あた》はず」。読み順は、「能↓書↓物↓焚↓民↓口↓封↓能↓不（ず）」。

「能《よ》く」と「能《あた》はず」の読みがポイントである。「書物《しよもつ》を」から「焚《や》く」へは二文字返るので、「物」の左下に「二」、「焚」の左下に「一」点。「民《たみ》の口《くち》を封《ふう》ずる」も同様で、「口」の左下に「二」、「封」の左下に「一」点、そこからは一文字ずつ上へ行くので、「能」の左下、「不」の左下に、それぞれ「レ」点である。

⑦ 未四 嘗 聞三 汝 先 古 之 有二 貴 者一。

[1・11] [2] [10] [3] [4] [5] [6] [9] [7] [8]。

漢字かなまじりにすると、「未《いま》だ嘗《かつ》て汝《なんぢ》の先古《せんこ》の貴者《きしや》有《あ》るを聞《き》かず」。「未」が「いまダ…ず」と読む**再読文字**であるから、読み順は、「**未**（いまだ）**↓嘗↓汝↓先↓古↓之**（の）**↓貴↓者↓有↓聞↓未**（ず）」となる。

「未↓嘗↓汝↓先↓古↓之↓貴↓者」までは下へ行くだけである。「者」から「有《あ》るを」へ二文字、さらに「聞《き》か」へ五文字、さらに「未（ず）」へ二文字返るので、「四↑三↑二↑一」と、「一二三四」点で返ることになる。

⑧ 豈 不レ 知二 以レ 少 撃レ 衆 為レ 利 哉。

[1] [9] [8] [3] [2] [5] [4] [7] [6] [10]。

漢字かなまじりにすると、「豈《あ》に少《せう》を以《もつ》て衆《しゆう》を撃《う》つの利《り》たるを知《し》らざらんや」。読み順は、「**豈↓少↓以↓衆↓撃↓利↓為**（たる）**↓知↓不**（ざらん）**↓哉**（や）」。

「**為**」が「**たり**」とわかることがポイントである。「少《せう》を」から「以《もつ》て」、「衆《しゆう》を」から「撃《う》つ」へは、それぞれ「**レ**」点。「利」から「為（たる）」へも「**レ**」点であるが、そこから「知《し》ら」へは五文字返るので、「為」の左下は「レ」になり、「知」の左下に「二」点。そこから「不」へは一文字返るから、「不」の左下は「**レ**」点。

C 意味（訳）が与えてある形

別冊（問題）p.34

解答

① 子 欲レ 養 而 親 不レ 待。

② 不レ 知二 老 之 将レ 至。

③非レ不レ説二子之道一。

④焉知二来者之不一レ如レ今也。

⑤桓魋其如レ予何。

⑥先則制レ人、後則為二人所一レ制。

⑦以二菅公之賢一猶不レ能レ無二恋レ権之意一。

⑧非二直於レ身有一レ益。

解説

①子欲レ養而親不レ待。

[1][3][2]■[4][6][5]。

訳に対応する字を考えると、「**子**（子が）」「**養**（養お）」「**欲**（…うと思っ）」「**而**（ても）」「**親**（親は）」「**待**（待っていてはくれ）」「**不**（ない）」である。

書き下しは、「**子養《こやしな》はんと欲《ほっ》すれど親《おや》待《ま》たず**」で、「…セント欲ス」の読み方と、「**而**」がここでは「ど」にあたる**逆接の置き字**であることがポイントである。

読み順は、「**子→養→欲→親→待→不**（ず）」。「養」から「欲」、「待」から「不」へ、それぞれ「レ」点。

②不レ知二老之将一レ至。

[7][6][1][2][5][3][4]。

訳に対応する字を考えると、「**老**（老い）」「**之**《の》（が）」「**将**（いまにも）」「**至**（やってこ）」「**将**（…ようとしている）」「**知**（気づか）」「**不**（ない）」である。

「**之**」が**主格の「の」**であること、「**将**」が**再読文字**「まさニ…ントす」であることがポイント。

書き下しは、「**老《お》いの将《まさ》に至《いた》らんとするを知《し》らず**」で、**読み順**は、「**老→之**（の）**→将**（まさに）**→至→将**（する）**→知→不**（ず）」。

「至《いた》らんとするを」から「知《し》らず」へ行くために「将」の左下が「レ」になることがポイント。「知ら」から「不」へは「レ」点。

③非レ不レ説二子之道一。

[6][5][4][1][2][3]。

訳に対応する字を考えると、「**子**（先生）」「**之**（の）」「**道**（教えを）」「**説**（うれしく思わ）」「**不**（ない）」「**非**（…わけではない)」。

「**非レ不レA**（Aセざルニあらズ）＝Aしないわけではない」の**二重否定**と、「**説**」を「**よろこブ**」と読めるかがポイント。

書き下しは、「**子**《し》**の道**《みち》**を説**《よろこ》**ばざるに非**《あら》**ず**」。**読み順**は、「**子→之**（の）**→道→説→不**（ざる）**→非**」である。

「子《し》の道《みち》を」の「道」から「説」へは三文字上で「一二」点。あとは「レ」点「レ」点で「ざるに非《あら》ず」である。

④ 焉 知二来 者 之 不レ如レ今 也。

[1] [8] [2] [3] [4] [7] [6] [5] [9]。

訳に対応する字を考えると、「**焉**（どうして）」「**来者**（これからの人）」「**之**（が）」「**今**（今の自分に）」「**不如**（及ばないと）」「**知**（わかる）」「**也**（…か）」。

「**焉…也**」が**反語形**「いづクンゾ…ンや」、「**之**」が**主格の「の」**、「**不如**」が「…ニしカず」の**比較形**であることがポイントである。

書き下しは、「**焉**《いづ》**くんぞ来者**《らいしゃ》**の今**《いま》**に如**《し》**かざるを知**《し》**らんや**」。**読み順**は、「**焉→来→者→之**（の）**→今→如→不**（ざる）**→知→也**（や）」。「今《いま》に如《し》かざる」は、「今→如→不」と一文字ずつ上へ返るので、「**レ**」点「**レ**」点。「不（ざるを）」から「知」へは四文字上であるから、「不」の左下が「レ」になり、「知」の左下に「二」点。

⑤ 桓 魋 其 如レ予 何。

[1] [2] [3] [5] [4] [6]。

これは、「**如レA何**（**Aヲいかんセン**）＝Aをどうしようか、いや、どうしようもない」の**反語形**のポイントのみ。

「桓魋《かんたい》ごときが」とはなっているが、ここまで「**桓魋**」。「**其**（＝夫）（そもそも）」「**予**（私を）」「**如何**（どうできようか、いや、どうもできない）」と対応する。

書き下しは、「**桓魋**《くわんたい》**其**《そ》**れ予**《よ》**を如何**《いかん》**せん**」。「予《よ》」が「われ」であることも大事である。

⑥ 先 則 制レ人、後 則 為二人 所レ制。

[1] [2] [4] [3]、[5] [6] [10] [7] [9] [8]。

「**則**」が「**レバすなはチ**」であることと、後半に、「**為二A所レB**（AノBスルところトなル）＝AにBされる」という**受身の公式**があることのポイントに気づかなければならない。

訳に対応する字を考えると、「**先**（先手をとれ）」「**則**（ば）」「**人**（人を）」「**制**（抑え）」「**後**（おくれをとれ）」「**則**（ば）」

「人（人に）」「制（抑え）」「為…所（られる）」となる。

「先」はサ変動詞「先《さき》んず」、「後」はラ行下二段の「後《おく》る」。

書き下しは、「先《さき》んずれば則《すなは》ち人《ひと》を制《せい》し、後《おく》るれば則《すなは》ち人《ひと》の制《せい》する所《ところ》と為《な》る」。読み順は、「先↓則↓人↓制↓後↓則↓人↓制↓所↓為」。

前半の「人《ひと》を」から「制《せい》し」へは一文字返るだけであるから「レ」点。後半は、受身の公式どおり、「為㆓人 所㆒㆑制（人《ひと》の制《せい》する所《ところ》と為《な》る）」。

⑦以㆓菅公之賢㆒猶不㆑能㆑無㆓恋㆑権之意㆒。

[5] [1] [2] [3] [4] [6] [13] [12] [11] [8] [7] [9] [10]。

「A猶B（況C乎）」の後半が省略された抑揚形。

訳に対応する字を考えると、「菅公（菅公）」「之（のような）」「賢（賢人）」「以（…でさえ）」「猶（なお）」「権（権力を）」「恋（恋う）」「之（の）」「意（心が）」「無（ないということ）」「不能（…ができない）」となる。

書き下しは、「菅公《くわんこう》の賢《けん》を以《もつ》てすら猶《な》ほ権《けん》を恋《こ》ふるの意《い》無《な》きこと能《あた》はず」。読み順は、「菅↓公↓之（の）↓賢↓以↓猶↓権↓恋↓之（の）↓意↓無↓能↓不（ず）」である。

「菅公《くわんこう》の賢《けん》を」の「賢」から「以《もつ》てすら」へは四文字上であるから、「賢」の左下に「一」、「以」の左下に「二」点。「権《けん》を」から「恋《こ》ふる」へは「レ」点。「意《い》」から「無《な》きこと」へは四文字上であるから、「意」の左下は「一」、「無」の左下は「二」点。あとは「レ」点「レ」点で「能《あた》はず」へ。

⑧非㆓直 於㆑身 有㆒㆑益。

[6] [1] [3] [2] [5] [4]。

訳に対応する字を考えると、「直（ただ）」「身（我が身に）」「於（おいてのみ）」「益（益）」「有（…がある）」「非（…わけではない）」である。累加形で、「直《た》だ…のみ」の「のみ」が「於」について「於《お》いてのみ」と読む。

書き下しは、「直《た》だ身《み》に於《お》いてのみ益《えき》有《あ》るに非《あら》ず」。読み順は、「直↓身↓於↓益↓有↓非」。

「身《み》に」から「於《お》いてのみ」へは一文字上で「レ」点。「益」から「有」へも一文字上で「レ」点、ここから「非」へ四文字返るので、「有」の左下は「㆒㆑」にして、「非」の左下が「二」になる。

演習編

1

『稽神録《けいしんろく》』

別冊（問題）p.38

解答・配点

問1	(ア)③　(イ)②	(各4点　8点)
問2	②	(8点)
問3	③	(8点)
問4	⑤	(8点)
問5	①	(8点)
問6	④	(10点)

／50

出典

▼**徐鉉《じよげん》『稽神録』**

徐鉉（九一六〜九九一年）は、宋《そう》の時代の学者・詩人。言語学者として知られ、九八六年、勅命により『説文解字《せつもんかいじ》』（後漢の許慎《きよしん》による、中国最古の字書）を校訂した「大徐本《だいじよぼん》」は、以後『説文』の標準テキストとされている。詩文にもすぐれていた。『稽神録』は伝奇小説集である。

書き下し文・通釈

▲**書き下し文**▼

新安《しんあん》の人閻居敬《ひとえんきよけい》、居《を》る所山水《ところさんすい》の浸《ひた》す所《ところ》と為《な》る。屋《をく》の壊《こは》れんことを恐《おそ》れ、榻《たふ》を戸外《こぐわい》に移《うつ》して寝《い》ねたり。一烏衣《いちうい》の人《ひと》を夢《ゆめ》みる。曰《い》はく、「君水《きみみづ》を避《さ》けて此《ここ》に在《あ》り、我《われ》も亦《ま》た水《みづ》を避《さ》けて此《ここ》に至《いた》る。君《きみ》に於《お》いて何《なに》をか害《そこな》ひて我《われ》に迫迮《せま》ること是《か》くのごとくなるや。不快《ふくわい》なること甚《はなはだ》し」と。居敬《きよけい》寤《さ》め、其《そ》の故《ゆゑ》を測《はか》らず。爾《こ》の夕《ゆふべ》三《み》たび夢《ゆめ》みる。居敬《きよけい》曰《い》はく、「豈《あ》に吾《われ》当《まさ》に此《ここ》に止《とど》まるべからざるか」と。因《よ》りて命《めい》じて牀《しやう》を移《うつ》さしむるに、乃《すなは》ち牀脚《しやうきやく》斜《なな》めに一亀《いつき》を戸限《こげん》の外《そと》に圧《あつ》す。之《これ》を放《はな》てば乃《すなは》ち去《さ》る。

▲**通釈**▼

新安の人である閻居敬は、住んでいるところが山から流れてきた水によって水浸しにされてしまった。家が壊れることを恐れ、寝台を外に移して寝た。（すると）ひとりの黒い服を着た人を夢に見た。（その人が）言うには、「あなたは水害を避けてここにいて、私も同じように水害を避けてここにいる。あなたは何をどう間違えて私をこのように虐げるのか。たいそう不快だ」と。居敬は目覚めたが、どうしてこんな夢を見たのかわからなかった。その晩に三度（同じ）夢を見た。居敬が言うには、「私はここに止《とど》まっていてはいけないのではなかろうか」と。そこで、（家の者に）命じて寝台を移動させたところ、寝台の脚が斜めに（傾いて、）一匹の亀を敷居の外側に押し付けていた。（そこで寝台をずらして）亀を解放してやったところ去っていった。

解説

問1 語（漢字）の意味と熟語の問題

熟語問題は設問のパターンに注意！

傍線部の語（漢字）の意味（用法）と同じものを、選択肢の熟語から選ぶという形式には、次の三つのパターンがある。

参考　熟語問題の三パターン

A　傍線部の漢字を含む選択肢の熟語そのものの意味が、傍線部の字義と合致するものを選ぶ形。

B　選択肢の熟語の中における、傍線部の漢字の用いられ方（意味）が、傍線部の漢字の字義と合致するものを選ぶ形。

C　傍線部の漢字（語）の意味と、その漢字を含まない熟語群の中の一つとの意味の合致を求める形。

設問は、右のAパターンである。

(ア)「**測**」は、ラ行四段動詞「**はかル**」で、「長さや深さなどをはかる」のか、「思いはかる（おもんぱかる）」のかのどちらかである。

ここは、閻居敬が、夢の中に現れた黒い服を着た人が言っていることの意味（其《そ》の故《ゆゑ》）を「測《はか》らず」という文脈にあるから、「わからなかった」のような意味である。

とすると、**正解は③「推測」**。「思いはかる」ほうの意味でなくてはならない。①「実測」、②「測定」、④「目測」、⑤「計測」は、いずれも事物の規模を「はかる」意味である。

「はかル」にあてはまる漢字は、「計る」「測る」「量る」「図る」「謀る」「諮る」など、いろいろあり、どの「はかル」を用いるのか、微妙なものもある。

a **「計」**……見つもる。企てる。相談する。
b **「測」**……長さや深さをはかる。思いはかる。
c **「量」**……重さ・容積・長さ・広さ・多少などをはかる。見つもる。おしはかる。思案する。
d **「図」**……企てる。計画する。検討する。考える。
e **「謀」**……相談する。思いはかる。考えをめぐらす。計略をめぐらす。企てる。計略であざむく。だます。求める。
f **「諮」**……上の者が下の者に相談する。問う。

(イ)**「放」**は、「之《これ》を放《はな》てば乃《すなは》ち去《さ》る」の中にある。

「之《これ》」は、寝台のところに挟まっていた「亀」で、それを「放《はな》てば」は、当然、②**「解放」**（＝解き放つ。束縛を解いて自由にしてやる）である。**正解は②**。

解答 (ア)③ (イ)②

問2 傍線部の解釈の問題

「受身の公式」の着眼で一発解答！

傍線部A**「居《を》る所《ところ》山水《さんすい》の浸《ひた》す所《ところ》と為《な》る」**には、**受身の公式**がある。こうした「句法」のポイントにいちはやく着眼できることが、漢文の解法のスピードにつながる。

重要句法　受身の公式

A 為ル二 B ノ 所トレ C スル

読　AＢノＣスルところトなル
訳　AはBにCされる

Aは**主語**で、「居《を》る所《ところ》」。
Bは**受身の対象**で、「山水《さんすい》」。
Cは**受身の内容**（どうされたか）で、「浸」。「所」へ返るので、ここは連体形になる。

受身の意味が含まれているのは、②の「水浸しにされてしまった」しかないので、答は一発である。

正解は②。

受身形のまとめは52ページ参照。

解答 ②

問3 読み下し（書き下し文）の問題

置き字「於」が「より」か「に」か？

「一二」点があるだけであるから、傍線部Bの字の**読み順**は**「榻→戸→外→移→寝」**である。

「於」は、補語（ここでは「戸外《こぐわい》」）の上に置かれて、補語の右下の送り仮名「ニ・ト・ヨリ・ヨリモ・ヲ」のいずれかのはたらきをする**「置き字」**である。

「而」も**「置き字」**で、直前の語（ここでは「移」）に付ける接続助詞「テ・デ・シテ・ドモ」のいずれかのはたらきをする。

「置き字」のまとめは41ページ参照。

この傍線部の主語にあたるのは「闇居敬《えんきよけい》」である。ここは、**漢文の五文型**（9ページ）のうちの次の形に相当している。

主語ハ（ガ）―述語スル（デアル）二―目的語ヲ―（於）補語ニ（ト・ヨリ）一

「主語は目的語を補語に述語する」という形で、そのあと「而寝」へ行く。

「榻《たふ》」から読まなければならないのであるから、②・④は消去。次は「戸外《こぐわい》」を読むから、⑤も消去。

①は、「戸外より移して」

③は、「戸外に移して」

「於」のはたらきとしては、「より」も「に」もOKであるが、「戸外より」では、「戸外《こぐわい》」にあった「榻《たふ》」（寝台）を室内に移すことになり、避難するという状況にそぐわない。

正解は③。

解答 ③

問4 傍線部の理由の判断の問題

主語の判断と「如レ是」の内容がポイント！

傍線部C「**不快《ふくわい》なること甚《はなはだ》し**」そのものは、「はなはだ不快である」という意味である。

「不快」だと言っているのは、夢の中に現れた「**一烏衣の人《いちういのひと》**」（**注4**＝ひとりの黒い服を着た人）」で、何を「不快」と言っているのかは、「烏衣《うい》の人《ひと》」自身の言葉の中にある。

「**君水《きみみづ》を避《さ》けて此《ここ》に在《あ》り、我《われ》も亦《ま》た水《みづ》を避《さ》けて此《ここ》に至《いた》る。君《きみ》に於《お》いて何《なに》をか害《そこな》ひて我《われ》に迫迮《せま》ること是《か》くのごとくなるや**（＝あなたは水害を避けてここにいて、私も同じように水害を避けてここにいる。あなたは何をどう間違えて私をこのように虐げるのか）」と。「迫迮」については（**注5**）がある。

つまり、「なんで私をこのように虐げるのか」に、「不快」のポイントがあるのだが、この内容を表した選択肢はない。

この「**烏衣《うい》の人《ひと》**」は、あとで「**亀**」であることがわかるのであるが、亀にとって「このように虐げ」られているとはどういうことなのか。これも、あとになってわかる。

夢からさめて、「**命《めい》じて牀《しやう》を移《うつ》さしむるに、乃《すなは》ち牀脚《しやうきやく》斜《なな》めに一亀《いっき》を戸限《こげん》の外《そと》に圧《あつ》す**（＝命じて寝台を移動させたところ、寝台の脚が斜めに一匹の亀を敷居の外側に押し付けていた）」のである。動けなくなっている状態が「不快」の原因である。

正解は⑤。

①・③・④は、「亀」でなく、「閻居敬」のことであるし、②では、「不快」の原因としては弱い。

ちなみに、「**矣**」は、文末に置いて、強く断言したり、強調したりする意を添える「**置き字**」である。

また、「命じて牀《しやう》を移《うつ》さしむるに」の部分には、「**…ニ命ジテ…シム**」という形の「**使役形**」がある。

解答 ⑤

問5 返り点の付け方の問題

「当」への再読がポイント！

書き下し文で読み方が与えてある。

「**豈《あ》に吾《われ》当《まさ》に此《ここ》に止《とど》まるべからざるか**」。

しかも、意味まで、「私はここに止《とど》まっていてはいけないのではなかろうか」と付けてある。

「**当**」は、**再読文字**「**まさニ…（ス）ベシ**」で、「…しなければならない。当然…すべきだ」の意である（40ページ）が、ここはさらに「**不**」に行くので、「…してはいけない」ということになる。

「**豈**」は、基本的には「**豈ニ…ンや**」で、「どうして…だろうか（、いや、…ない）」と訳す、典型的な**反語形**であるが、まれに、この部分のように、「**豈ニ…連体形＋や（か）**」と読んで、「…だろうか」と、「**推量を含んだ疑問**」に訳すことがある。

「**豈**」のまとめは48ページ参照。

さて、傍線部Dの字の**読み順**は、「**豈→吾→当**（まさに）→**此→止→当**（べから）→**不**（ざる）→**耶**（か）」である。

「豈《あ》に」に返ってくることはないので、「豈」の左下に返り点「三」が付いている③、「二」が付いている⑤は消去。③・⑤は、「当」を再読していない点でも間違っている。

「豈→吾→当（まさに）→此（ここに）」までは下へ行くだけである。「此（ここに）」から「止（とどまる）」へは一字上へ返るので「**レ**」点。「止（とどまる）」から「当」の二度めの読みへ返るのも一文字であるから、「当」の左下に「**レ**」点、さらに「不（ざる）」へも一文字返るので「**レ**」点。

正解は①。

解答 ①

問6 問題文との内容合致問題

本文に書かれているかどうかのチェック

ここまでの問いを見ながらも明らかなように、この文章は、「閻居敬」の夢に現れて「不快《ふくわい》なること甚《はなは》し」と訴えた「烏衣《うい》の人《ひと》」が、実は「亀」であり、寝台を移動させたところ寝台の脚と敷居の間に挟まって動けなくなっているのが見つかって、解放してやった、という話である。

よって、**正解は④**。

①・②は、「飼っていた（大事な）亀」が間違い。飼っていたわけではない。また、「烏衣《うい》の人《ひと》」が「亀」であることもとらえられていない。

③は、挟まれて動けなくなっていたのが「閻居敬」になっている。「恩を受けた亀」も、文中に根拠がない。

⑤も、亀の恩返しになっている点で間違っている。

① 閻居敬の家が水害で壊れて、飼っていた亀が家具と敷居の間に挟まれて身動きがとれなくなったため、神が亀を助けに現れた。

② 閻居敬の夢の中に黒い服を着た人が現れて、飼っていた大事な亀が閻居敬のもとに逃げて行ったので返してほしいと訴えた。

③ 閻居敬が水害で寝台と敷居の間に挟まれて身動きがとれなくなったため、かつて閻居敬に恩を受けた亀が姿を変えて助けに現れた。

④ 一匹の亀が閻居敬の寝台と敷居の間に挟まれて身動きがとれなくなったため、閻居敬の夢の中に姿を変えて現れ窮状を訴えた。

⑤ 一匹の亀がかつて住処《すみか》が水浸しになって苦しんでいた時に閻居敬に助けられたため、その恩返しをしようと閻居敬の夢に現れた。

解答 ④

『春《しゅん》渚《しょ》紀《き》聞《ぶん》』

別冊（問題）
p.46

解答・配点

問1	③	（6点）
問2	(ア) ④　(イ) ②	（各6点　12点）
問3	①	（7点）
問4	④	（6点）
問5	⑤	（7点）
問6	③・④	（各6点　12点）

／50

出典

▼何蘧《かえん》『春渚紀聞』

宋《そう》の時代の人、何蘧が撰集《せんしゅう》した雑記集。

書き下し文・通釈

▲書き下し文▼

東坡《とうば》先生《せんせい》初《はじ》めて鳳翔《ほうしやう》に官《くわん》たるの日《ひ》、一老僧《いちらうそう》に遇《あ》ふ。之《これ》に謂《い》ひて曰《い》はく、「我《われ》に煅法《たんはふ》有《あ》りて、以《もっ》て相《あ》ひ授《さづ》けんと欲《ほっ》す。幸《ねが》はくは少《しばら》く我《わ》が廬《いほり》に憩《いこ》へ」と。坡僧《はそう》に語《かた》りて曰《い》はく、「之《これ》を聞《き》けり、太守《たいしゅ》の陳公甞《ちんこうかつ》て求《もと》むるも与《あた》へずと。我固《われもと》より欲《ほっ》する無《な》きに、乃《すなは》ち以《もっ》て授《さづ》けらるるは、何《なん》ぞや」と。僧曰《そうい》はく、「我自《われみづか》ら老死《らうし》の日《ひ》無《な》きを度《はか》る。而《しか》るに法《はふ》として当《まさ》に人《ひと》に伝《つた》ふべし。然《しか》れども之《これ》を為《な》す者《もの》は、多《おほ》く因《よ》りて禍《わざわひ》を致《いた》す。公《こう》に非《あら》ざれば授《さづ》くべき者《もの》無《な》し。但《た》だ妄《みだ》りに貪人《たんじん》に伝《つた》ふる勿《な》かれ」と。後《のち》に陳公坡《ちんこうは》の之《これ》を得《う》るを知《し》りて、懇求《こんきう》すること甚《はなは》だ力《つと》め、与《あた》へざるべからざるを度《はか》る。陳得《ちんえ》て之《これ》を為《な》し、久《ひさ》しからずして果《はた》して官《くわん》を敗《やぶ》りて帰《かへ》る。

▲通釈▼

東坡先生が初めて鳳翔で役人になった日に、一人の老僧と出会った。（老僧が）東坡に向かって言うことには、「私は不老長寿の薬を作る方法を知っていて、（それをあなたに）授けようと思う。どうかしばらく私の家に留まってくれ」と。東坡が僧に向かって言うことには、「（私は）このように聞いている、太守の陳公が以前（その方法を）求めたが、（あなたは）教えなかったと。私はもともと教えてもらおうと思っていないのに、その方法を授けられるのはどうしてですか」と。僧が言うには、「私は老いて死ぬ日が近いことを知っている。だが（死ぬ前に、不老長寿の薬を作る）方法を誰かに伝えるべきである。しかし、この方法を実行する者は、多くの場合、そのせいで不幸になる。（実行しようとしないであろう無欲な）あなたのほかには授けるべき者がないのだ。ただむやみに欲深い人に伝えてはならない」と。のちに、陳公は東坡がこれ（＝不老長寿の薬を作る方法）を手に入れたことを知り、（東坡にその方法を）教えてもらうことを懸命にこいねがい、東坡が教えざるを得ないようにした。（結局）陳公はその方法を手に入れ、実行に移し、（そのために）間もなく、やはり失脚し、故郷に帰る（という禍《わざわ》いを招く）こととなった。

解説

問1 指示語の内容の判断の問題

前後の話の流れをとらえる！

ⓐの「**之**」は、「**之《これ》に謂《い》ひて曰《い》はく**」とあるので、「誰」が「之（誰）」に向かって言ったのかである。ここまでで紹介されている人物は、「東坡先生《とうばせんせい》」と「一老僧《いちらうそう》」しかいない。

このあとに、「我《われ》に煅法《たんはふ》（**注3**＝不老長寿の薬を作る方法）有《あ》りて、以《もつ》て相《あ》ひ授《さづ》けんと欲《ほつ》す」とあり、この言を受けて「坡《は》・・僧に語《かた》りて曰《い》はく」と、東坡の会話文があることも考えると、「不老長寿の薬を作る方法」を知っているのは「老僧」で、それを「東坡」に授けようとしていると見なくてはならない。

よって、ⓐの「之」は、**③・④の「東坡」**である。

ⓑの「**之**」は、「**陳公《ちんこう》坡《は》の之《これ》を得《う》るを知《し》りて、懇求《こんきう》すること甚《はなは》だ力《つと》め**（＝陳公は東坡がこれを手に入れたことを知り、懸命にこいねがい）」という文中にある。

東坡が老僧から「得」たもので、陳公が「嘗《かつ》て求《もと》むるも与《あた》へ」てもらえなかったのは、「官」ではなく、①・③・⑤の

「煅法」である。

正解は③。

解答 ③

問2 波線部の解釈の問題

句法のポイントに着眼せよ！

(ア)「当《まさ》に人《ひと》に伝《つた》ふべし」のポイントは、**再読文字「当」**。

> **重要句法** 再読文字「当」
>
> 当ニシレ A(ス)　**読** まさニA(ス)ベシ
>
> **訳** 当然Aすべきだ。Aしなければならない
>
> ＊「応」(まさニ…スベシ)と同じく、「きっと…するだろう」と訳すこともある。

直訳すると、「当然人に伝えるべきだ。人に伝えなければならない」であるから、**正解は④**。

(イ)「**与《あた》へざるべからざるを**」にも、大きな句法上のポイントがある。

> **重要句法** 二重否定「不レ可レ不…」
>
> 不レ可カラレ不ルレ A(セ)　**読** A(セ)ざルベカラず
>
> **訳** Aしなければならない
> Aしないわけにはいかない

よって、**正解は②**。

このように、「型にはまった」訳し方をする「句法」のポイントに着眼できるスピードが大切で、これができると一発で答が見える問題も多いのが「漢文」の特徴である。

解答 (ア)④　(イ)②

問3 傍線部の解釈の問題

誰が何を「欲《ほっ》する無《な》き」なのか？

傍線部A「**我固《われもと》より欲《ほっ》する無《な》きに、乃《すなは》ち以《もっ》て授《さづ》けらるるは、何《なん》ぞや**」は、東坡の発言中にある。「煅法《たんはふ》(＝不老長寿の薬を作る方法)」を授けようという老僧に、太守の陳公が「嘗《かっ》て求《もと》むるも与《あた》へず(＝以前求めたのに教えなかった)」のに「私には」という文脈である。

「**固《もと》より**」は「もともと。元来」の他に、「言うまでもなく。むろん」の意味があり、ここでは「無《な》き」と呼応して「むろん…ない」「まったく…ない」のようになる。

「**欲《ほっ》する無《な》き**」は、「煅法《たんはふ》」を「伝えてほしいと思っていない」ということである。②や⑤では、立場が逆になる。

「見」は、受身の「る・らル」。「授《さづ》けらるる」で「授けられる」。

重要句法　受身の「る・らル」

見ﾚA（被・為・所）

読　A（未然形）る・らル

訳　Aれる。Aられる。Aされる

文末の「何也」は、「**…ハなんゾや**」で、「…なのはどうしてか」という疑問の形。ただし、このポイントについては、すべての選択肢が共通している。

②・⑤は、さきほど見たように、「伝える」立場が逆。②は「教えあおう」、⑤は、老僧が「教えてもらいたい」も間違っている。

③は「あなたに出会える」、「お住まいにまでお招きいただける」がキズ。

④は、「無欲を旨として暮らしてきました」が、そのような人物かもしれないが、傍線部の内容にそぐわない。

正解は①。

① 私は煅法を伝えてほしいとはまったく思っていませんが、それなのにお教えいただけるのは、どうしてですか。

② 私の方は煅法を伝えようとはまったく思っていませんが、いまここで教えあおうというのは、どうしてですか。

③ 私はあなたに出会えるとも思っていませんでしたが、お住まいにまでお招きいただけるのは、どうしてですか。

④ 私はこれまで無欲を旨として暮らしてきましたが、それだけで煅法をお教えいただけるのは、どうしてですか。

⑤ 私は自分の煅法を伝えたいとは思ってもいませんが、あなたが教えてもらいたいと願うのは、どうしてですか。

解答　①

問4　読み下し（書き下し文）の問題

「非」は「…ニあらズ」と返読する！

傍線部Bには「**非ﾚ公 無ﾆ可ﾚ授 者ﾆ**」と返り点が付いているから、字の**読み順**は、「**公→非→授→可→者→無**」である。

これだけで、③は「公」の次に「可」を読んでいる点、②のように「公《こう》の非《ひ》」と読むには「公ノ非」でなければならない点で、これらは消去。

また、①のように「公《こう》を非《ひ》とす」と読めないことはないが、「**非**」は、「**…ニあらズ**」と返読するのが基本である。

重要句法　否定の基本形「非」

非《ズ》レ A ニ　読 Aニあらズ
訳 Aではない。Aなわけではない

④か⑤が残るが、⑤は、「可レ授 者」を、「授者を可とする」と読んでいる点で、読む順序を間違っている。

正解は④。

「あなたでなくては授けるべき人がいない」の意である。

解答 ④

問5 傍線部の解釈の問題

選択肢の配分に着眼する！

傍線部C「**果《はた》して官《くわん》を敗《やぶ》りて帰《かへ》る**」は、直訳すると「やはり官職を失って帰ることになった」である。

選択肢には、前半に、主体が誰であるかの、**1対2対2の配分**がある。

①「陳公が」

②・③「東坡が」

④・⑤「老僧が」

後半部には、**2対3の配分**がある。

①・②「官職から解放されて」

③・④・⑤「官職を失って」

後半について言えば、「官《くわん》を敗りて」というマイナスの語感からしても、③・④・⑤のように「失って」であろう。

この傍線部の結果は、「老僧」が言っていた、「煅法」が、「**之《これ》を為《な》す者《もの》は、多《おほ》く因《よ》りて禍《わざわひ》を致《いた》す**（＝これを実行する者は、多くの場合それによって禍いを招く）」から、「**妄《みだ》りに貪人《たんじん》に伝《つた》ふる勿《な》かれ**（＝むやみに欲深い人に伝えてはならない）」を踏まえている。つまり、前半の配分は、④・⑤の「老僧」である。陳公は、むりやり東坡に「煅法」を教えてもらい、「之《これ》を為《な》」してしまったために、「官《くわん》を敗《やぶ》」ることになってしまったのである。

正解は⑤。

① 陳公が願ったとおり、陳公は官職から解放されて故郷に帰ることになった。

② 東坡が予言したとおり、陳公は官職から解放されて故郷に帰ることになった。

③ 東坡が心配したとおり、陳公は官職を失って故郷に帰ることになった。

④ 老僧が画策したとおり、陳公は官職を失って故郷に帰

ることになった。

⑤ 老僧が語っていたとおり、陳公は官職を失って故郷に帰ることになった。

解答 ⑤

問6 本文と選択肢との内容合致問題

本文とのズレ・キズを見つけて消去法で！

選択肢と本文の内容とを照合してみよう。

①「東坡は煅法を習得する目的で」がキズ。東坡は役人として赴任してきただけである。しかも、あとで、「煅法」については、「我固《われもと》より欲《ほっ》する無《な》き」と言っている。

②「老僧は陳公に煅法を伝えなかったことを、ずっと後悔」してはいない。そもそも、老僧は「陳公」を「貪人《たんじん》（＝欲深い人）」と見て伝えようとしなかったのであろうし、東坡以外に伝えるべき人物はいないと思っているのである。

③は、本文の「我自《われみずか》ら老死《ろうし》の日《ひ》無《な》きを度《はか》る。而《しか》るに法《はふ》として当《まさ》に人《ひと》に伝《つた》ふべし」に相当して、間違いがない。

④も、本文の「妄《みだ》りに貪人《たんじん》に伝《つた》ふる勿《な》かれ」に相当して、間違いがない。

⑤は、「老僧から」がキズ。陳公が「聞き出した」のは「東坡から」である。

⑥は、「誰にも煅法を伝えなかった」がキズ。陳公には伝えてしまったのである。

正解は③・④。

① 東坡は煅法を習得する目的で、はるばる鳳翔にまでやってきた。

② 老僧は陳公に煅法を伝えなかったことを、ずっと後悔していた。

③ 老僧は自分の死期が近づいたことを知り、東坡に煅法を伝えた。

④ 老僧は欲の深い人に煅法を伝えないよう、東坡に注意を与えた。

⑤ 陳公は様々な手段を用い、結局老僧から煅法を聞き出した。

⑥ 東坡は老僧との約束を固く守り、誰にも煅法を伝えなかった。

解答 ③・④

演習編

3 『雪濤小説《せっとうしょうせつ》』

解答・配点

問1	(ア) ② (イ) ①	(各5点)	(10点)
問2	⑤		(8点)
問3	A ③ B ⑤	(各7点)	(14点)
問4	②		(8点)
問5	①		(10点)

/50

出典

▼**江盈科《こうえいか》『雪濤小説』**

明《みん》の時代の人、江盈科による寓言《ぐうげん》集。本文は、「老虫」にまつわる話であるが、これをたとえにして、本文のあとで、当時の高位高官たちの無能と堕落を批判している。

書き下し文・通釈

▲**書き下し文**▼

楚《そ》の人《ひと》は虎《とら》を謂《い》ひて老虫《らうちゆう》と為《な》し、姑蘇《こそ》の人《ひと》は鼠《ねずみ》を謂《い》ひて老虫《らうちゆう》と為《な》す。余《よ》長洲《ちやうしう》に官《くわん》し、事《こと》を以《もつ》て婁東《ろうとう》に至《いた》り、郵館《いうくわん》に宿《しゆく》す。燭《しよく》を滅《めつ》し寝《しん》に就《つ》くに、忽《たちま》ち碗碟《わんてふ》砉然《けきぜん》として声《こゑ》有《あ》り。余《よ》故《ゆゑ》を問《と》ふ。閽童《こんどう》答《こた》へて曰《い》はく、「老虫《らうちゆう》なり」と。余《よ》は楚《そ》の人《ひと》なり、驚錯《きやうさく》に勝《た》へずして曰《い》はく、「城中《じやうちゆう》安《いづ》くんぞ此《こ》の獣《じう》有《あ》るを得《え》んや」と。童《どう》曰《い》はく、「他獣《たじう》に非《あら》ず、鼠《ねずみ》なり」と。余《よ》曰《い》はく、「鼠《ねずみ》何《なん》ぞ老虫《らうちゆう》と名《な》づくる」と。童《どう》謂《い》ふ「呉《ご》の俗《ぞく》に相《あ》ひ伝《つた》ふること爾《しか》るのみ」

別冊（問題）
p.54

と。嗟嗟《ああ》、鼠老虫《ねずみらうちゆう》の名《な》を冒《をか》し、余《よ》をして驚錯《きやうさく》して走《に》げんと欲《ほつ》せしむるに至《いた》る。良《まこと》に笑《わら》ひを発《はつ》するに足《た》れり。然《しか》るに今天下《いまてんか》に虚名《きよめい》を冒《をか》し俗耳《ぞくじ》を駭《おどろ》かす者《もの》、少《すく》なからず。其《そ》の名《な》を聆《き》けば、赫然喧然《かくぜんけんぜん》たること、老虫《らうちゆう》に異《こと》なる無《な》きなり。徐《おもむ》ろに挟《さしはさ》む所《ところ》を叩《たた》けば、止《た》だ鼠技《そぎ》なるのみ。

▲**通釈**▼

楚の人は虎のことを呼んで老虫と言い、姑蘇の人は鼠《ねずみ》のことをさして老虫と呼ぶ。私は呉の長洲県の役人として、仕事で婁東という町に行き、宿屋に泊まった。（夜になって）灯火を消して寝ようとすると、急に食器類ががたがたと鳴りさわぐ音が聞こえる。私はわけを尋ねた。（すると）門番の少年が答えて言った、「老虫ですよ」と。私は楚の人間であるので、驚きうろたえて言った、「まちに虎がいるはずがないではないか」と。（すると）少年は言った、「ほかの動物ではなく、鼠ですよ」と。私は尋ねた、「鼠をどうして老虫と言うのか」と。少年は答えて言った、「呉の地方の昔からのならわしでそう言い伝えているだけのことです」と。ああ、たかが鼠が（あろうことか）「老虫」の名を名のって、私を驚きうろたえさせて逃げ出そうとまでさせたのである。まことに笑うべきことである。ところが今や天下には、見せかけの名声に思い上がって、世の人の耳を驚かしている（見かけ倒しの）人間が、少なからずいる。彼らの名声を聞くと、その勢いさかんでひびきわたっているること、老虫（＝虎）と変わるところがないのである。（しかし）その力量をだんだんと試してみると、（虎ではなく）ただの鼠程度の力量にすぎないだけである。

解説

問1 語（漢字）の読みの問題

読みの問題は得点源！

(ア)「**忽**」は、「**たちまチ**」で、「にわかに。突然。急に。すみやかに」などの意。「忽然《こつぜん》・忽焉《こうえん》（＝突然）」などの熟語でも覚えておきたい。「粗忽《そこつ》（＝軽はずみなこと。そそっかしいこと）」の「忽」は、「ゆるがセニス（サ変）」で、「おろそかにする。忘れる。あなどる」などの意。③が該当する。

「乍」も「たちまチ」である。

①「**すなはち**」は「**則・乃・即・便・輒**」。④「**かすかに**」は「**幽・微**」。⑤「**むしろ**」は「**寧**」。

正解は②。

(イ)「**不レ勝**」は、「勝」の訓読みとしてありうるのは、「かツ

（タ・四段）」「まさル（ラ・四段）」「たフ（ハ・下二段）」であるから、答は、①「たへずして」か、②「かたずして」か、③「まさらずして」である。

傍線部(イ)は、虎が出たと思った筆者が「驚錯《きやうさく》に…」という文脈にある。「驚錯」には（注8＝驚きうろたえること）とあるので、直訳すると、「驚きうろたえることにたえることができず」という意味ととらえるのが適当である。「勝つことができず」や「すぐれることができず」では意味が通らない。

正解は①。

解答 (ア)② (イ)①

問2 同語三か所の指示内容を判断する問題

文の流れをしっかりとつかむ！

「**老虫**」という語の内容を判断するのであるが、まず、問題文冒頭に次のようにあることをまとめておく。

老虫 ｛ **楚《そ》の人**…………**余《よ》（筆者）**…………**虎**
　　　　姑蘇《こそ》（呉《ご》）の人…**闇童《こんどう》（門番の少年）**…**鼠**

次に、ⓐ・ⓑ・ⓒを一つずつ検討していく。

ⓐは、筆者が、長洲の官途につき、婁東の宿に泊まっていた折、突然がたがたと音がしたので、「闇童」にわけを尋ねたところ、闇童が「老虫《らうちゆう》なり」と答えたという箇所。この少年は土地の、つまり呉の地方の者であるから、少年の言っている「老虫」は「**鼠**」である。

ここで、答は、①・⑤・⑥に絞られる。

ⓑは、「鼠」が「老虫《らうちゆう》の名《な》を冒《をか》」すとある。この「冒《をか》す」は、「他人の名を名のる」の意で、「鼠」が「老虫」の「名を名の」るのであるから、「鼠」と「老虫」は別のものである。

ⓑは「**虎**」になるから、①は消去。

ⓒは、第二段落にある。

高官や大将の、「其《そ》の名《な》を聆《き》けば、赫然喧然《かくぜんけんぜん》たること、老虫に異《こと》なる無《な》きなり（＝彼らの名声を聞くと、勢いさかんでひびきわたっていること、老虫と変わるところがない）」であるが、「挟《さしはさ》む所《ところ》を叩《たた》けば、止《た》だ鼠技《そぎ》なるのみ（＝その力量を試してみると、ただの鼠程度の力量にすぎないだけである）」という文脈である。

実際は「鼠技」だが、名声だけは「老虫」だというのであるから、ここは「**虎**」である。

正解は⑤。

解答 ⑤

問3 傍線部の解釈の問題

「安クンゾ」と「何ゾ」に着眼する！

傍線部Aには、ポイントが二つある。

一つは、「城中《じやうちゆう》」で、「城《じやう》」は、漢文では、城壁に囲まれた「まち中《なか》」のことである。城壁の外の郊外が「郭《くわく》」で、日本語の「城郭」のイメージとは異なるので、覚えておきたい。

このポイントで、②・④「とりで」は消去できる。

もう一つは、「**安**」で、これは、「**いづクンゾ**」と読む。よって、「安全」のように取っている①・②は間違い。

「安くんぞ此《こ》の獣有《じうあ》るを得《え》ん」とすれば、**反語形**で、「どうしてこの獣（虎）がいることがありえようか、いや、いるはずがないではないか」となり、③が相当する。

「安《いづ》くんぞ此《こ》の獣有《じうあ》るを得《う》る」と読めば、**疑問形**で、「どうしてこの獣がいることができるのか」であるが、これが⑤に相当するわけではないし、⑤（②も）は、「此《こ》の獣」を「鼠」にしているのも、当然おかしい。

Aの**正解は③**。

① まちに虎がいて安全といえるのだろうか
② とりでは安全なので鼠が多いのだろうか
③ まちに虎がいるはずがないではないか
④ とりでにどうして虎がいるのだろうか
⑤ まちに鼠がいるのは当然ではないか

重要句法 「安クンゾ…」の用法

安《クンゾ》 A《スル》（乎）　読 いづクンゾAスル（や）　訳 どうしてAするのか〔疑問〕

安《クンゾ》 A《セン》（乎）　読 いづクンゾAセン（や）　訳 どうしてAするだろうか（、いや、Aしない）〔反語〕

＊「寧・焉・悪・烏」も「いづクンゾ」である。

傍線部Bのポイントは「**何**」で、「**なんゾ**」である。

闇童（少年）に、「老虫」だと言われ、「虎」だと思ってびっくりしたのに、「鼠ですよ」と言われて、筆者が少年に問いかけている言葉であるから、疑問形に読んで「鼠何《ねずみなん》ぞ老虫《らうちゆう》と名《な》づくる」で、「鼠をどうして老虫と言うのか」である。

Bの**正解は⑤**。

①は「名づけないのか」、②は「鼠が…名のっている」、③は「…てはいけない」、④は「何が…にふさわしいのか」が、ズレている。このあとの、少年の答え方、「呉《ご》の俗《ぞく》に相《あ》ひ伝《つた》ふ

ること爾《しか》るのみ（＝呉の地方の昔からのならわしでそう言い伝えているだけのことです）」から見ても、反語表現でなく、単純な問いかけと考えたい。

重要句法 **「何ゾ…」の用法**

何《ゾ》A《スル》（乎）　読 なんゾAスル（や）　訳 どうしてAするのか　〔**疑問**〕

何《ゾ》A《セン》（乎）　読 なんゾAセン（や）　訳 どうしてAするだろうか（、いや、Aしない）　〔**反語**〕

＊**「胡・曷・庸・奚・何遽」**も「なんゾ」である。

「安」「何」のまとめは、46・47ページ参照。

解答 A③　B⑤

問4 返り点の付け方と書き下し文の組合せの問題

書き下し文の文意が文脈にはまるか？

この形式の問題は、センター試験時代からあり、共通テストでも必出の形式である。ポイントは、傍線部の中に、再読文字や、疑問・反語・否定・使役・受身などの何らかの**句法上の読み方の特徴がないか**ということと、書き下し文のように読んだときの**文意が通るか**、また、**その文意が前後の文脈にあてはまるかどうか**、である。返り点については、付けてあるような返り方（付け方）が文の構成上アリなのか？　ということはあるのであるが、ともかく読み方どおり返っているように付いているケースがふつうなので、**返り点の付け方をチェックするのは時間の無駄**である。

まず、傍線部Cには**使役の公式**がある。

重要句法 **使役の公式**

A 使《ム》二 B《ヲシテ》 C《セ》一　読 ABヲシテCセしム　訳 AはBにCさせる

＊**「しム」は「令・教・遣・俾」を用いても同じ。**

＊**Aは主語、Bは使役の対象**（誰にやらせるか）で、ここに「ヲシテ」という送り仮名が付くことがポイント。**Cは使役の内容**（何をやらせるか）。

しかし、選択肢を見ると、すべての選択肢が「**余《よ》をして…しむ**」とは読んでいるので、この句法上のポイントでは絞れないことになる。ただ、④は「しむ」を二度読んでいるので、これは消去できる。

また、「欲」は、「…んと欲《ほっ》す」と読むには、下から返読するので、「驚 錯 欲」の語順を「驚錯《きやうさく》せんと欲《ほっ》せ」と読んでいる⑤も間違いである。

この傍線部の直後には、「良《まこと》に笑《わら》ひを発《はっ》するに足《た》れり（＝まことに笑うべきことである）」とある。何が「笑うべきこと」かといえば、夜中に聞いたがたがたという音を、少年に「老虫ですよ」と言われ、てっきり「虎」だと思って「驚きうろたえて逃げ出そうとした」筆者ということである。

①・③の読み方では、「走《に》げんと欲《ほっ》す」の主体が「余」ではないことになる。「走《に》げんと欲《ほっ》」したところまで筆者（＝余）の動作でなくてはならない。

よって、**正解は②**。

解答 ②

問5 傍線部の内容説明の問題

文中に「解答の根拠」を見つける！

傍線部D「**虚名《きよめい》を冒《をか》し俗耳《ぞくじ》を駭《おどろ》かす者《もの》**」は、「見せかけの名声に思い上がって、世の人の耳を驚かしている者」ということである。

「**虚名《きよめい》**」は「実際の価値以上の名声」。「**俗耳《ぞくじ》**」は「世間の人々の耳」。

設問にあるように、これは「政府の高官や軍の大将など」のことを言っているのであるが、彼らがどうであると言っているのか。それは、このあとの、「**其《そ》の名《な》を聆《き》けば、赫然喧然《かくぜんけんぜん》たること、老虫《らうちゆう》に異《こと》なる無《な》きなり。徐《おもむ》ろに挟《さしはさ》む所《ところ》を叩《たた》けば、止《た》だ鼠《そ》技《ぎ》なるのみ**（＝彼らの名声を聞くと、その勢いさかんでひびきわたっていること、老虫と変わるところがない。しかし、その力量をだんだんと試してみると、ただの鼠程度の力量にすぎないだけである）」の部分にポイントがある。

つまり、名前ばかり「老虫（＝虎）」であるが、中身は「鼠」だということである。

正解は①。

解答 ①

① 肩書きは立派だが、中身はたいしたことのない人物。
② 他人を非難するばかりで、自分をかえりみない人物。
③ 大口をたたくわりに、成果をあげられない人物。
④ 清廉潔白をよそおいながら、利権を要求する人物。
⑤ 大声で号令をかけるだけで、自分は何もしない人物。

『西畜瑣録《せいよさろく》』

別冊（問題）p.62

解答・配点

問1 ①（8点）

問2 ②（8点）

問3 (i) ① (ii) ④（各8点）16点

問4 ⑤（10点）

問5 ③（8点）

/50

出典

▼孫宗鑑《そんそうかん》『西畜瑣録』

孫宗鑑は、北宋《ほくそう》の時代の人らしいというほか、生没年・経歴ともに未詳。著書に、『西畜瑣録』のほか、『東皐雑録《とうこうざつろく》』がある。

書き下し文・通釈

▲書き下し文▼

蛇《へび》有《あ》りて螫《か》みて人《ひと》を殺《ころ》し、冥官《めいくわん》の追議《ついぎ》する所《ところ》と為《な》り、法《はふ》は死《し》に当《あ》たる。蛇前《へびすす》み訴《うつた》へて曰《い》はく、「誠《まこと》に罪《つみ》有《あ》り、然《しか》れども亦《ま》た功《こう》有《あ》り、以《もつ》て自《みづか》ら贖《あがな》ふべし」と。冥官曰《めいくわんい》はく、「何《なん》の功《こう》なるか」と。蛇曰《へびい》はく、「某《それがし》に黄《くわう》有《あ》り、病《やまひ》を治《なほ》すべし、活《い》かす所已《ところすで》に数《すう》人《にん》なり」と。吏考験《りかうけん》するに、固《もと》より誣《し》ひざれば、遂《つひ》に免《まぬか》るるを得《う》。良久《ややひさ》しくして、一牛《いちぎう》を牽《ひ》きて至《いた》る。獄吏曰《ごくりい》はく、「此《こ》の牛《うし》触《つ》きて人《ひと》を殺《ころ》す。亦《ま》た死《し》に当《あ》たる」と。牛曰《うしい》はく、「我《われ》も亦《ま》た黄《くわう》有《あ》り、以《もつ》て病《やまひ》を治《なほ》すべし、亦《ま》た数人《すうにん》を活《い》かす」と。良久《ややひさ》しくして、亦《ま》た免《まぬか》るるを得《う》。之《これ》を久《ひさ》しくして、獄吏《ごくり》一人《いちにん》を引《ひ》きて至《いた》る。曰《い》はく、「此《こ》の人《ひと》生《い》くるとき常《かつ》て人《ひと》を殺《ころ》すも、幸《さいは》ひにして死《し》を免《まぬか》る。今当《いままさ》に命《めい》を還《かへ》すべし」と。其《そ》の人倉皇《ひとさうくわう》として妄《みだ》りに亦《ま》た黄《くわう》有《あ》りと言《い》ふ。冥官大《めいくわんおほ》いに怒《いか》り、之《これ》を詰《なじ》りて曰《い》はく、「蛇《じゃ》黄《くわう》・牛黄皆薬《ぎうくわうみなやく》に入《い》ること、天下《てんか》の共《とも》に知《し》る所《ところ》なり。汝《なんぢ》は人《ひと》たり、何《なん》の黄《くわう》か之《こ》れ有《あ》らん」と。

▲通釈▼

(ここに)蛇がいて、噛《か》んで人を殺し、冥界の裁判官に生前の罪を裁かれて、死罪の判決を受けた。(そのとき)蛇は進み出て(裁判官に)訴えて(こう)言った、「たしかに(人を殺したという)罪はあるのですが、私には功績もあって、自分自身で(罪を)償うことができます」と。冥界の裁判官は言った、「何の功績があるというのか」と。蛇が言った、「私には薬効があり、病気を治すことができ、(治して)生かした人間はすでに何人もあります」と。役人が取り調べたところ、もともといつわりではないので(=蛇の言ったとおりなので)、結局(罪を)免れることができた。しばらくして、(牢《ろう》役人が)一頭の牛を引いてやって来た。牢役人が言った、「この牛は人を突き殺しました。(よって、これも)また死罪にあたります」と。(そこで)牛が言うには、「私もまた薬効があり、病気を治すことができ、(蛇と)同様に何人か(の人間を治して)生かしました」と。しばらくして(取り調べた結果、これも)また死罪を免れることができた。だいぶ経ってから、牢役人が一人の人間を連れてやって来た。(牢役人が)言うには、「この人間は生前かつて人を殺しましたが、運よく死罪を免れました。(ですから)今(死罪に処して)命で償うべきかと思います」と。その人はあわてて苦しまぎれに(自分にも)また薬効があると言った。冥界の裁判官はたいそう怒って、その人を責めとがめて言った、「蛇黄や牛黄がいずれも薬の部類に入ることは、世間では誰もが知っている。(しかし)おまえは人間である、何の薬効があるというのか」と。

解説

問1　返り点の付け方と書き下し文の組合せの問題

「受身の公式」で一発解答！

演習編 3 の**問4**でも見たように、この形式の問題は、センター試験時代からあり、共通テストでも必出の形式である。ポイントは、傍線部の中に、再読文字や、疑問・反語・否定・使役・受身などの何らかの**句法上の読み方の特徴がないか**ということと、書き下し文のように読んだときの**文意が通るか**、また、**その文意が前後の文脈にあてはまるかどうか**、である。返り点については、付けてあるような返り方（付け方）が文の構成上アリなのか？　ということはあるのであるが、ともかく読み方どおり返っているように付いているケースがふつうなので、**返り点の付け方をチェックするのは時間の無駄**である。

実は、この問題は、一発で答が出る！

傍線部Aの中間部にある「為冥官所追議」には、演習編[1]の問2にもあった「**受身の公式**」がある。

重要句法　**受身の公式**

A 為ル二 Bノ 所トレ Cスル

[読] ABノCスルところトなル

[訳] AはBにCされる

「**冥官**」と「**追議**」には**注1・2**が付いているから、いずれも二字の熟語であり、この部分は、

為三 冥 官 所二 追 議一

と返り点が付いて、「**冥官《めいくわん》の追議《ついぎ》する所《ところ》と為《な》り**」という読み方しかないことになる。公式のAにあたるのは「蛇」である。

よって、**正解は①**。

「蛇がいて、嚙んで人を殺し、冥界の裁判官に生前の罪を裁かれて、判決は死罪に相当した」と訳されて、文意も通り、文脈にもあてはまる。

解答　①

問2　傍線部の解釈の問題

細かく語の訳し方をチェックする！

送り仮名・返り点ともに付いているから、書き下し文にすると、「**誠《まこと》に罪《つみ》有《あ》り、然《しか》れども亦《ま》た功《こう》有《あ》り、以《もつ》て自《みづか》ら贖《あがな》ふべし**」である。とくに句法上のポイントもないので、細かく語義をチェックしていくことになる。

「**誠《まこと》に罪《つみ》有《あ》り**」については、①・②・⑤は間違っていない。「**誠《まこと》に**」の語義として、③「結局は」、④「もし…ても」はズレている。「結局は」なら「遂《つひ》（終・卒・竟）に」であるし、実は「誠」は「もシ…」とも読むが、「もシ」とは読んでいないし、「もシ」ならば、「罪《つみ》有《あ》らば」という形になる。

「**然《しか》れども亦《ま》た功《こう》有《あ》り**」の、「**然《しか》れども**」は**逆接**であるから、このつなぎめが「…が」と逆接になっているのは、②・③・⑤である。①「…ので」、④「…としても」は違う。

「**亦《ま》た**」の意が生かされているのは、①「また」、あるいは、②「功績も」。

「功《こう》」は、このあと、冥官に「何《なん》の功《こう》なるか」と問われて蛇が答えている内容から考えて、①の「仕事」、③の「腕前」、④の「功名」は間違い。⑤は「あなたの功徳《くどく》」が違う。②の「功績」のみが正しい。

「**以《もつ》て自《みづか》ら贖《あがな》ふべし**」の「**自ら**」は「自分自身で罪を償う」の「みづから」であり、ここを「おのヅカラ」に取っている③・④は間違っている。「**贖《あがな》ふ**」は「償いをする」ことであるから、①「帳消し」、③「埋め合わす」、④・⑤の「許す」はいずれも間違っている。

よって、**正解は②**。

---

① 実際には罪がありますので、またすぐれた仕事をして自分で罪を帳消しにすべきなのです。

② たしかに罪はあるのですが、私には功績もあって自分自身で罪を償うことができます。

③ 結局は罪があるのですが、仕事の腕前によっておのずと罪は埋め合わされるのです。

④ もし罪があったとしても、当然私の功名によって自然と罪が許されるようになるはずです。

⑤ 本当は罪があるのですが、それでもあなたの功徳によって私の罪をお許しいただきたいのです。

解答 ②

問3 空欄補入および理由説明の問題

有罪か無罪かの判断が先決！

(i) 空欄に入る語句の問題

選択肢の語句の意味を見てみよう。

①「免《まぬか》るるを得《う》」＝（罪を）免れることができた。

②「還《かへ》らず」＝帰ってこなかった。

③「功《こう》有《あ》り」＝功績があった。

④「死《し》を得《う》」＝死罪になった。

⑤「病《やまひ》を治《なほ》す」＝病気を治した。

(ii)が、この(i)の解答を踏まえての、「蛇と牛に対する冥官の判決理由」を問う質問になっているのであるから、この空欄 X **に入る語句は、「判決」**の内容ということになる。

とすると、答は、①か④、つまり、死罪を免れたのか、死罪になったのかである。③・⑤は、蛇や牛が、死罪を免れるために訴えていることであって、判決とするのはおかしい。

蛇の訴えを、「吏《り》（＝役人）」が「考験《かうけん》（**注3**＝取り調べること）」したが、「固《もと》より（＝もともと）」蛇は「誣《し》ひざれば（＝いつわってはいないので）」と述べられているのだから、蛇や牛の訴えはそのとおりで、認められたのであるはずで、「死罪を免れた」のでなければならない。

(i)の正解は①。

(ii) **判決理由の説明の問題**

(i)のように、蛇や牛は「死罪を免れた」のであるから、(ii)はそこにもとづいた判断がポイントになる。

冥官が蛇や牛を死罪にしなかったのは、「**某《それがし》に黄《くわう》有《あ》り、病《やまひ》を治《なほ》すべし、活《い》かす所已《ところすで》に数人《すうにん》なり**」「**我《われ》も亦《ま》た黄《くわう》有《あ》り、以《もつ》て病《やまひ》を治《なほ》すべし、亦《ま》た数人《すうにん》を活《い》かす**」という訴えを認めたからである。この訴えの内容がとらえられているのは④。

(ii)の**正解は④**。

① 蛇も牛も、生前人を殺した上に、死後も「黄」によって人を病気から救うことができるとでたらめを言って、反省していない。よって、死罪とする。

② 蛇も牛も、人を殺してきた罪は許しがたい。よって、今後「黄」によって人を救う可能性はあっても、冥界に留め置き罪を償わせることとする。

③ 蛇も牛も、人を殺してきたが、体内の「黄」で将来は人の命を救う可能性は残っている。よって、人の病気を治すことで罪を償わせることとする。

④ 蛇も牛も、人を殺すという重大な罪を犯したが、自らの「黄」によって人を病気から救ってもきた。よって、生前の罪を許すこととする。

⑤ 蛇も牛も、人を殺してきたというのは誤解で、むしろ大勢の人を「黄」によって病から救うという善行を積んできた。よって、無罪とする。

解答 (i) ①　(ii) ④

問4 傍線部の理由説明の問題

理由は自分で言っている！

冥官は「大《おほ》いに怒《いか》」って、「之《これ》（＝その人間）を詰《なじ》」って、次のように言っている。

「**蛇黄《じやくわう》・牛黄皆薬《ぎうくわうみなやく》に入《い》ること、天下《てんか》の共《とも》に知《し》る所《ところ》なり**（＝蛇黄や牛黄がいずれも薬の部類に入ることは、世間では誰もが知っている）」。そしてこのあとが**問5**の傍線部Dなのであるが、ここは、「**汝《なんぢ》は人為《ひとた》り、何《なん》の黄《くわう》か之《こ》れ有《あ》らん**（＝おまえは人間である、何の薬効があるというのか）」。つまり、人間には「蛇黄」や「牛黄」のような「黄」などないのに、蛇や牛がそれによって死罪を免れたのにならって、自分にも「黄」があると言ったことを、冥官は「大《おほ》いに怒《いか》」っているのである。

正解は⑤。

① 蛇や牛と同様に人にも「黄」があるので人を殺した罪は許されるはずであると、その人に理路整然と説明され、獄吏の言葉が論破されそうになったことにいらだちを感じたから。

② 蛇も牛も人もみな生前は人を殺していたのに、体内に「黄」があるのを良いことに言い逃ればかりし、全く反省の色が見られないその人の不謹慎な態度が気に障ったから。

③ 生前に人を殺した上に、冥界に連れてこられてからは自分にも蛇や牛のように体内に「黄」が欲しいと、獄吏にわがままばかりを言うその人の態度に我慢がならなかったから。

④ 蛇や牛は体内の「黄」で人を救っているのに、その人は「黄」の用い方を知らずにあいまいなことを言って、人を救わずに殺してばかりいることに憤りを感じたから。

⑤ 生前に人を殺したにもかかわらず、自分の罪を逃れるために、蛇や牛のまねをして自分の体内に「黄」があると、その場しのぎのいい加減なことを言うその人の態度に腹を立てたから。

長い選択肢の問題は、ほぼ「**内容合致**」**問題**である。キズを見つけて消去法で答を絞り込んでいこう。

解答 ⑤

問5 傍線部の書き下し文の問題

「何ノ…カ之レ有ラン」の型で一発！

これも、**問1**と同じく、「**型にはまった**」句法のポイントで答は一発で③になる。

重要句法 **反語形「何ノ…カ之レ有ラン」**

何ノＡカ之レ有ラン

読 なんノＡカこレあラン

訳 何のＡがあるだろうか(、いや、何のＡもない)

こうした「句法」のポイントに気づかないと、一つ一つ選択肢の文意を考えなくてはならないことになる。「型にはまった」句法の力は重大なのである。

正解は③。

解答 ③

演習編

5

『金華黄先生文集《きんかこうせんせいぶんしゅう》』

別冊（問題）
p.70

解答・配点

問1	(ア) ②　(イ) ⑤	（各6点　12点）
問2	②	（8点）
問3	③	（8点）
問4	(i) ④　(ii) ③	（各6点　12点）
問5	①	（10点）

/50

出典

▼**黄溍《こうしん》『金華黄先生文集』**

黄溍（一二七七〜一三五七年）は、元《げん》の時代の文学者。『金華黄先生文集』は、遺稿を門人が編集したものである。

書き下し文・通釈

▲**書き下し文**▼

遜《そん》とは其《そ》の謙退《けんたい》せんと欲《ほっ》して能《あた》はざる所《ところ》有《あ》るがごとくするなり。敏《びん》とは其《そ》の進修《しんしう》せんと欲《ほっ》して及《およ》ばざる所《ところ》有《あ》るがごとくするなり。退《しりぞ》くは則《すなは》ち虚《むな》しくして人《ひと》に受《う》け、進《すす》むは則《すなは》ち勤《つと》めて以《もっ》て己《おのれ》を励《はげ》ますなり。二者《にしゃ》は固《もと》より偏廃《へんぱい》すべからざるなり。

孔子《こうし》は大聖人《だいせいじん》なれども自《みづか》らは聖《せい》とせず。故《ゆゑ》に「我《われ》生《う》まれながらにして之《これ》を知《し》る者《もの》に非《あら》ず」と曰《い》ふは遜《そん》と謂《い》ふべし。然《しか》り而《しかう》して又《ま》た「古《いにしへ》を好《この》み、敏《びん》にして以《もっ》て之《これ》を求《もと》めたる者《もの》なり」と曰《い》ふは、則《すなは》ち其《そ》の之《これ》を求《もと》むるや、曷《なん》ぞ嘗《かっ》て敏《びん》を貴《たっと》ばざらんや。他《た》日《じつ》、顔《がん》・曽《そう》の二子《にし》と仁《じん》と孝《かう》とを言《い》ひて、二子《にし》は皆自《みなみづか》ら敏《びん》ならずと謂《い》ふ。其《そ》の遜《そん》なること抑《そもそも》見《み》るべし。回《くわい》の仁《じん》・参《しん》の孝《かう》も、三千《さんぜん》の徒《と》、未《いま》だ之《これ》に先《さき》んずること或《あ》る能《あた》はず。豈《あ》に真《しん》に敏《びん》ならざる者《もの》ならんや。

◀通釈▶

「遜」とは、自分は謙虚であろうとしているが、なおそれができていないようだと考えることである。「敏」とは、自分は進んで学ぼうとしているが、なおそれが不十分であるようだと考えることである。謙虚であるとは、心を素直にして人に教えを受けることであり、進んで学ぶとは、自分にむち打って積極的に努力することである。この二つは、言うまでもなくどちらか片方だけを捨ててよいものではないのである。

孔子《こうし》は偉大な聖人であったが、自分を聖人だとは言わなかった。それゆえ、「私は生まれながらに物事をなんでも知っている人間ではない」と言っているのは「遜」であると言えよう。そして、また（孔子は、先の言葉に続けて）「（私は）昔の聖人の学を好み、積極的に努力してこれを探求してきた人間なのだ」と言っているのは、そうだとすると、孔子が古の教えを追求するに当たって、どうして「敏」を貴ばなかったことがあろうか（いや、「敏」を貴んだということになろう）。（また）以前に、（孔子が）顔回《がんかい》と曽参《そうしん》の二人と、仁と孝とについて語ったとき、二人はともに、自らは「敏」ではないと言った。さて、その（二人の態度が）「遜」であることはそもそもよしとすべきである。（しかし、実際には）顔回の「仁」であること、曽参の「孝」であることは、孔子の三千人のほかの弟子たちの誰一人として追い越すことはできていない（ほどの立派なものな）のである。（自分では「敏」ではないと言っているが、この二人は）どうして真に「敏」でない者であろうか、いや、真に「敏」である者と言うべきであろう。

解説

問1 語（漢字）の読みの問題

「畳語《じょうご》」は読みの頻出語！

(ア)「固」は、「もとヨリ」で、「もともと。もとから」、あるいは、「言うまでもなく。むろん」の意。「**素・原・故**」も同様に用いる。**正解は②**。

①「**すなはち**」は「**則・乃・即・便・輒**」。③「**いたづらに**」は「**徒**」。④「**にはかに**」は「**俄・遽・暴・卒・驟**」。⑤「**ほとんど**」は「**殆・幾**」である。

(イ)「抑」は、「**そもそも**」で、「いったい。さて」などの意。

正解は⑤。

「そもそも」のように、同じ音を繰り返して読む語を「**畳語**《じょうご》」といい、読みの問題の頻出語である。

重要語 **畳語**

いよいよ……**逾・愈・兪・弥**（ますます。一段と）
おのおの……**各**（めいめい。各自）
こもごも……**交・更**（交互に。かわるがわる）
しばしば……**数・屢**（何度も。頻繁に）
そもそも……**抑**（いったい。さて）
たまたま……**偶・会・適**（偶然。ちょうどそのとき）
ますます……**益**（いっそう。いよいよ）
みすみす……**看**（みるみるうちに）

解答 (ア)②　(イ)⑤

問2 傍線部の解釈の問題

選択肢を比較してキズを探す！

傍線部Aは、かなり長くて難しそうなのであるが、「**遜**」と「**敏**」については、「**其**《そ》**の謙退**《けんたい》**せんと欲**《ほっ》**して**」が、「自分は謙虚でありたいと思う」あるいは「あろうとしている」、「**其**《そ》**の進修**《しんしゅう》**せんと欲**《ほっ》**して**」が、「自分は進んで学びたい」あるいは「学ぼうとしている」という意味であることが、全選択肢が共通していることによってわかる。

あとは、前者後半の「能《あた》はざる所有《ところあ》るがごとくするなり」、後者後半の「及《およ》ばざる所有《ところあ》るがごとくするなり」の部分の解釈である。

「**能**《あた》**はざる所有**《ところあ》**るがごとくするなり**」の「**能**《あた》**はず**」は**不可能**で、「できない」という意味であるから、①の「できそうにない」、②「できていない」がよさそうである。③は、「できそうにない」はよいが「人に対抗」がキズ。④には不可能の意がない。⑤は「能力が全くない」がキズである。「全くない」では話にならないであろう。

ところで、**文末の「ごとくするなり」**を、後者の末尾ではすべて「…ようだと考えることである」としているのに、前者の選択肢では、①・③が、単に「…と考えることである」としていて、「ようだ」、つまり「ごとく」の意味が欠けている。

「**及**《およ》**ばざる所有**《ところあ》**るがごとくするなり**」は、「(それでもなお) 及ばないようだと考えることである」の意であるから、②の

「なおそれが不十分であるようだと考えることである」が適当である。

正解は②。

① 「遜」とは、自分は謙虚でありたいと思うのだが、とうていそれができそうにないと考えることである。「敏」とは、自分は進んで学びたいのだが、そのことを言わないほうがいいようだと考えることである。

② 「遜」とは、自分は謙虚であろうとしているが、なおそれができていないようだと考えることである。「敏」とは、自分は進んで学ぼうとしているが、なおそれが不十分であるようだと考えることである。

③ 「遜」とは、自分は謙虚でありたいと思うのだが、それでは人に対抗できそうにないと考えることである。「敏」とは、自分は進んで学びたいのだが、それでも人に及ばないようだと考えることである。

④ 「遜」とは、自分は謙虚であろうとしているが、時にはそれが不必要なこともあるようだと考えることである。「敏」とは、自分は進んで学ぼうとしているが、時にはそれが無意味であるようだと考えることである。

⑤ 「遜」とは、自分は謙虚であろうとしているが、実際にはその能力が全くないようだと考えることである。「敏」とは、自分は進んで学ぼうとしているが、実際にはその才能が全くないようだと考えることである。

解答 ②

問3 空欄補入問題

前後の文脈をしっかりとらえる！

選択肢に並べてある語をチェックする。

①・②は、「虚」と「励」の**対比**である。

「**虚**」は、第一段落の、傍線部Aの直後、「**退《しりぞ》くは則《すなは》ち虚《むな》しくして人《ひと》に受《う》け**」にある。「退く（＝謙退）、つまり謙虚であるとは、心を素直にして人に（教えを）受けることであり」という意味。「虚」は「心をむなしくする。素直に」のような意味になる。

「**励**」は、そのあとの、「**進《すす》むは則《すなは》ち勤《つと》めて以《もつ》て己《おのれ》を励《はげ》ますなり**」にある。「進む（＝進修）、つまり進んで学ぶとは、自分にむち打って積極的に努力することである」という意味。「励」は「むち打つ。はげます」のような意味になる。

③・④は、「**遜**」と「**敏**」の**対比**である。

「遜」と「敏」については、**問2の傍線部A**で解釈を見たように、「**遜**」は、「謙遜」という熟語のように、「へり下り、ひかえめであること」、「**敏**」は、「機敏・鋭敏」などの熟語が思い浮かぶが、第一段落でいえば、「勤《つと》めて以《もつ》て己《おのれ》を励《はげ》」まして、「進修《しんしゅう》」しようとすることである。

⑤・⑥は、「**聖**」と「**賢**」の組合せになっている。

「**聖**」は、「**孔子《こうし》は大聖人《だいせいじん》なれども自《みずか》らは聖《せい》とせず**（＝孔子は偉大な聖人であったが、自分では聖人とは考えなかった）」にある。一般に、漢文で「**聖人**」と言った場合、古代の聖天子である「**堯《ぎょう》**」「**舜《しゅん》**」「**禹《う》**」や、「**殷《いん》の湯《とう》王**」、そして「**孔子**」のことをいう。「賢人」は、「聖人につぐ立派な人。才知・徳行を兼ねそなえたすぐれた人」の意である。

①・②か、③・④か、⑤・⑥か。

次に、空欄のある文脈を見てみる。

孔子は、自身を「聖人ではない」と言い、こう続けている。

「**我《われ》生《う》まれながらにして之《これ》を知《し》る者《もの》に非《あら》ず**（＝私は生まれながらに物事をなんでも知っている人間ではない）」と。この言葉は「**X と謂《い》ふべし**（＝Xと言うことができる）」と言っているのである。

この言葉は、謙虚な、謙遜した言葉というべきであろう。よって、Xには、「**遜**」が入る。

そして、さらに、こう言っている。

「**古《いにしへ》を好み、Yにして以《もつ》て之《これ》を求《もと》めたる者《もの》なり**（＝昔の聖人の学を好み、Yしてこれを探求してきた人間なのだ）」と。

ここは、Yに「**敏**」、つまり「勤《つと》めて以《もつ》て己《おのれ》を励《はげ》」まして、「進修」しようとする態度が入るべきである。

Xが「遜」、Yが「敏」であるから、**正解は③**。

解答 ③

問4 書き下し文と解釈の組合せの問題

選択肢の配分に着眼せよ！

演習編3の**問4**・4の**問1**で見たような、返り点の付け方と書き下し文の組合せの問題ほどではないが、書き下し文と解釈の組合せの問題も、センター試験時代からよく出る形式である。

「**曷**」は、「**何**」と同じで「**なんゾ**」である。

「**曷…乎**」の句法のポイントがあって、そこから絞れるかと思うと、意外にカンタンではない。

選択肢の「**曷…乎**」の読み方には、**3対2の配分**がある。

①・④・⑤は、「曷ぞ…ざらんや」で、反語形。

②・③は、「曷ぞ…ざるや」で、疑問形。

これは、むろん、どちらもアリである。

重要句法 **「何ゾ…」の用法**

❶ **何《ゾ》A《スル》（乎）** 読 なんゾAスル（や） 訳 どうしてAするのか 〔疑問〕

❷ **何《ゾ》A《セン》（乎）** 読 なんゾAセン（や） 訳 どうしてAするだろうか（、いや、Aしない） 〔反語〕

＊「なんゾ」は「**奚・庸・胡・曷・何遽**」でも同じ。

＊文末の「**乎**（**也・哉・与・邪・耶・歟**）」はあってもなくても同じ。

配分はほかにもある。

前半の「**則 其 求レ之 也**」の読み方にも、**2対3の配分**がある。ポイントは「**也**」の読み方で、

①・②は、「則《すなは》ち其《そ》の之《これ》を求《もと》むるなり」。

③・④・⑤は、「則《すなは》ち其《そ》の之《これ》を求《もと》むるや」。

ここは、①・②のように、断定の「なり」に読むのは不自然で、断定なら、ここで「。」であろう。ここは「…に当たっては」のような意味の助字の「や」ととりたい。

後半には、「曷…乎」のほかにも、細かいことであるが、**置き字「於」**をどうとらえるかに、**2対2対1の配分**がある。

①・③は、「敏《びん》より」……比較

②・④は、「敏を」……目的語を示す

⑤は、「敏に」……受身の対象

このポイントも、用法としてはいずれもアリである。

ところで、この問題は**「解釈」との組合せ**問題になっているのであるから、書き下し文の①〜⑤が、解釈の①〜⑤のどれと合致するかを見なければならない。

解釈のほうにも、まず、**前半に3対2の配分**がある。

①・③・⑤が、「そうだとすると、…に当たって」。

②・④が、「それだからこそ、…のであるが」。

後半の「**曷…乎**」の解釈部分にも**3対2の配分**がある。

①・②・③は、「どうして…ことがあろうか」で、反語形。

④・⑤は、「なぜ…のであろうか」で、疑問形。

「於」の取り方については、

①の「『敏』により貴ばれなかった」は、受身の対象であるが、文意がおかしい。

②・⑤の「『敏』よりも貴ばなかった」は比較であるが、これも文意がおかしい。

③・④の「『敏』を」は目的語を示す。

(ii) 解釈

① そうだとすると、孔子が古《いにしえ》の教えを追求するに当たって、どうして「敏」により貴ばれなかったことがあろうか。

② それだからこそ、孔子は古の教えを追求したのであるが、どうして「敏」よりも貴ばなかったことがあろうか。

③ そうだとすると、孔子が古の教えを追求するに当たって、どうして「敏」を貴ばなかったことがあろうか。

④ それだからこそ、孔子は古の教えを追求したのであるが、なぜ「敏」を貴ばなかったのであろうか。

⑤ そうだとすると、孔子が古の教えを追求するに当たって、なぜ「敏」よりも貴ばなかったのであろうか。

さて、(i)書き下し文と(ii)解釈を組み合わせてみると、おおむね、次のようになる。

(i)の①と(ii)の②
(i)の②と(ii)の④
(i)の③と(ii)の⑤
(i)の④と(ii)の③
(i)の⑤と(ii)の①

解釈の選択肢を見ると、「於」を①のように受身の対象や②・⑤のように比較に取っているのはおかしいから、ここは「敏を」でなくてはならない。

前半部の末尾も、「也」を「…に当たって」と取っている①・③・⑤が適当で、②・④では、断定の「なり」と取る形にもなっていない。

よって、**正解は、(i)は④、(ii)は③**。

孔子の、「古《いにしへ》を好み、敏《びん》にして以《もつ》て之《これ》を求《もと》めたる者《もの》なり」という言葉を受けての一文であるから、(ii)の③の解釈でOKである。

解答 (i) ④ (ii) ③

問5 傍線部の理由説明の問題

「豈ニ…ンや」の反語形がポイント！

傍線部C「**豈《あ》に真《しん》に敏《びん》ならざる者《もの》ならんや**」は、「**豈《あ》に…んや**」が**反語形**であるから、「どうして真に「敏」でない者であろうか、いや、真に「敏」である者であるというべきであろう」という意味である。

この傍線部の主語は、「回《くわい》」と「参《しん》」である。つまり、**顔回と曽参は二人とも「敏」なる者だ**と言っているのである。

かつて、孔子が二人に、「仁と孝」について語ったとき、二人は「**自《みづか》ら敏《びん》ならず**（＝自分は敏ではありません）」と言った。その「遜」なる態度はよしと言うべきである。

しかし、実際には、「**回《くわい》の仁《じん》・参《しん》の孝《かう》も、三千《さんぜん》の徒《と》、未《いま》だ之《これ》に先《さき》んずること或《あ》る能《あた》はず**」、つまり、三千の弟子たちは、誰もこの二人（回と参）を越えることができないのである。

つまり、二人は、自分では「敏」ではないと言っているが、実は、誰よりも「敏」なのである。

この文脈をすべてカバーしている**正解は①**である。

① 顔回は「仁」に対して、曽参は「孝」に対して、みずからは「敏」でないと言いつつも、実際は他の三千の弟子たちよりも「敏」である態度で取り組んだから。

② 顔回は「仁」に対して、曽参は「孝」に対して、孔子の教えを忠実に守って、実際に他の三千の弟子たち以上に「遜」である態度で取り組んだから。

③ 孔子は、顔回と曽参が「敏」でないため、顔回には「仁」に対して、曽参には「孝」に対して、他の三千の弟子たちよりも「遜」である態度で取り組むように指導したから。

④ 孔子は、顔回には「仁」に対して、曽参には「孝」に対して、他の三千の弟子たちに対するのと同様に「敏」である態度で取り組むよう指導したから。

⑤ 顔回と曽参は、孔子の「古を好む」考えに対しては「遜」であったが、「仁」と「孝」とに対しては他の三千の弟子たちよりも「敏」である態度で取り組んだから。

解答 ①

重要句法 **反語形「豈ニ…ンや」**

豈ニ A セ(ナラ)ン 乎

読 あニAセン（Aナラン）や

訳 どうしてAする（Aである）だろうか（、いや、Aしない（Aではない））

＊「**乎**」は「**哉・也・邪・耶・与・歟**」でも同じ。

『列子《れっし》』

別冊（問題）
p.78

解答・配点

問1	(ア) ③　(イ) ①	（各5点）	10点
問2	④		（6点）
問3	B ②　D ③	（各7点）	14点
問4	④		（10点）
問5	⑤		（10点）

/50

出典

▼**列禦寇《れつぎょこう》**『**列子**』楊朱篇《ようしゅへん》

列子（生没年不詳）は、春秋あるいは戦国時代の思想家といわれるが、伝未詳。著書の『列子』は、実際には、戦国時代に、列子を祖とする学派があって文献を伝えていたが、現存するものは、『**老子《ろうし》**』『**荘子《そうじ》**』などの**道家《どうか》**の説に、仏教思想も加え、魏晋《ぎしん》のころに作られたものと考えられている。

問題文にも表れているが、**老子・荘子《そうし》・列子**などの「道家」の人々の考え方は、「**道**（＝万物の根源をなす巨大なエネルギー）」に従って、「**無為自然**（＝作為的な生き方を排して、あるがままに生きる）」というものである。

孔子《こうし》・孟子《もうし》などの「**儒家**」では、「**道**」とは「人がのっとるべき正しい道理」ということであるが、儒家の考え方が、現実論であるのに対し、道家のものの見方は哲学的なものといえよう。

書き下し文・通釈

▲**書き下し文**▼

孟孫陽《まうそんやう》楊子《やうし》に問《と》ひて曰《い》はく、「此《ここ》に人有《ひとあ》り、生《せい》を貴《たつと》び身《み》を愛《あい》し、以《もつ》て死《し》せざらんことを求《もと》む。可《か》ならんか」と。曰《い》はく、「理《り》として死《し》せざるは無《な》し」と。「以《もつ》て久《ひさ》しく生《い》きんことを求《もと》むるは、可《か》ならんか」と。曰《い》はく、「理《り》として久《ひさ》しく生《い》くるもの無《な》し。生《せい》は之《こ》れを貴《たつと》んで能《よ》く存《そん》する所《ところ》に非《あら》ず。身《み》は之《こ》れを愛《あい》して能《よ》く厚《あつ》くする所《ところ》に非《あら》ず。且《か》つ久《ひさ》しく生《い》くること奚《なん》ぞ為《な》さん。百年《ひやくねん》すら猶《な》ほ其《そ》の多《おほ》きを厭《いと》ふ、況《いは》んや久《ひさ》しく生《い》くることの苦《くる》しきをや」と。

孟孫陽《まうそんやう》曰《い》はく、「若《も》し然《しか》らば、速《すみ》やかに亡《ほろ》ぶるは久《ひさ》しく生《い》くるに愈《まさ》る。則《すなは》ち鋒刃《ほうじん》を践《ふ》み、湯火《たうくわ》に入《い》れば、志《こころざ》す所《ところ》を得《え》ん」と。楊子《やうし》曰《い》はく、「然《しか》らず。既《すで》に生《う》まれては、則《すなは》ち廃《はい》して之《こ》れに任《まか》せ、其《そ》の欲《ほつ》する所《ところ》を究《きは》めて、以《もつ》て死《し》を俟《ま》たん。将《まさ》に死《し》せんとすれば、則《すなは》ち廃《はい》して之《こ》れに任《まか》せ、其《そ》の之《ゆ》く所《ところ》を究《きは》めて、以《もつ》て尽《つ》くるに放《いた》らん。廃《はい》せざる無《な》く、任《まか》せざる無《な》し。何《な》遽《ん》ぞ其《そ》の間《かん》に遅《ち》速《そく》あらんや」と。

▲**通釈**▼

孟孫陽《もうそんよう》が楊子《ようし》に尋ねて言った、「ここにある人がいて、命を何よりも大事にし体をかけがえのないものとして大切にして、死なないことを望んだとします。それはできるでしょうか」と。（楊子が答えて）言った、「道理として死なないものはない」と。（さらに、孟孫陽が問うた、）「では、いつまでも長生きすることはできるでしょうか」と。（楊子が）言った、「道理としていつまでも長生きするものはない。命は、何よりも大事にしてもいつまでも保てるものではない。体は、かけがえのないものとして大切にしても、ずっと健康でいられるものではない。その上、いつまでも長生きすることなどどうして望まなければならないのか（いや、そんなことをする必要はない）。百年（の寿命）でさえも長過ぎていとわしいと思っているのだ。ましていつまでも長生きすることの苦しさはなおさらのことであろう」と。

（そこで）孟孫陽はこう言った、「もしそうならば、早く死ぬことは、いつまでも長生きすることにまさっているということですね。となると、鋭いやいばを踏みつけ、熱湯や猛火の中にとび込めば、（早く死ぬという）目的が果たせることになりますね」と。楊子は答えて言った、「それは違う。人は生まれた以上は、作為を加えずにあるがままに任せ、したいことをやり遂げて、死を待てばよいのだ。死期が訪れたら、余計なことをせずにあるがままに任せ、成り行きに従って最後まで行き、死にいたればよいのだ。すべて作為を加えず、すべてあるがままに任せる。（そうなれば）死ぬのが遅いか早いかということに、どうして違いがあるだろうか（いや、遅かろうと早かろうと何の違いもないのだ）」と。

解説

問1 語の読みの問題

読みの問題ははずせない得点源！

(ア)「且」には、③の「かつ」、⑤の「しばらく（＝暫く）」の読みがある。

ここは、「しばらくいつまでも長生きすること…」となるのは意味がおかしいから、「その上いつまでも…」になる「かつ」でなくてはならない。

同字異訓 **「且」の用法**

❶ かツ………（副詞）さらに。その上。…しながら…する。

❷ しばらク……（副詞）しばらく。少しの間。暫時。（＝**暫・少・頃・姑・間**）

❸ まさニ…ントす……**再読文字**。「**将**」と同じで、いまにも…しようとする。…しそうだ。…になりそうだ。

(ア)の**正解は③**。

②の「まさに」もアリであるが、その場合は「**将**」と同じ用い方をする**再読文字**として、「**まさニ…ントす**」と二度読まなくてはならない。

①「**つひに**」は「**遂・終・卒・竟**」、④「**ゆゑに**」は「**故**」である。

(イ)「若然」の「若」は、用法が多い。

同字異訓 **「若」の用法**

❶ もシ……**仮定形**。「…バ」と呼応する。（＝**如**など）

❷ ごとシ……**比況形**。**返読文字**である。

…のようだ。…と同じだ。（＝**如**）

若《シ》二 … {**体言（名詞）＋ノ** / **活用語の連体形＋ガ**} 一

❸ しク……四段動詞。及ぶ。否定語を伴って、次のように**比較形**として用いる。（＝**如**）

A《ハ》不レ若《カ》レB《ニ》

読 AハBニしカず

訳 AはBには及ばない

AよりもBのほうがよい

A無ハ㆑若シクハ㆑Bニ　読 AハBニしクハなシ

訳 Aに関してはBにまさるものはない

❹ なんぢ……目下に対する二人称。おまえ。あなた。（＝汝・爾・而・女）

＊「如」には「ゆク」（カ・四段）の読み方がある。

「然」は、「しかリ」が一般的である。杜甫《とほ》の「絶句《ぜっく》」に「江《こう》碧《みどり》にして…花《はな》然《も》えんと欲《ほっ》す」という例があるように、④・⑤「もユ（ヤ・下二段）（＝燃）」とも読まなくはないが、ここでは文脈上ありえない。

あとは、①なら「もしそうならば」、②は「おまえがそうなのに」、③は「そのように」という意味になることを考えて、文脈にあてはまるのは①「もししからば」である。

(イ)の**正解は①**。

解答 (ア)③　(イ)①

演習編 6 『列子』

問2 傍線部の解釈（意味）の問題

二重否定「無不…」で即答！

傍線部A「理《り》として死《し》せざるは無《な》し」には、ポイントが二つある。

一つは、「理《り》として」の取り方。これは、③・④の「道理として」の意である。⑤の「道理なくして」はありえない。

二つめは、**二重否定**である。「死《し》せざるは無《な》し」なのであるから、「死なないものはない」で、**正解は④**。

重要句法　二重否定「無不…」

無シ㆑不ルハ㆑Aセ（ナラ）　読 Aセ（Aナラ）ざルハなシ

（莫）　訳 Aし（Aで）ないものはない

解答 ④

問3 傍線部の読み方（書き下し文）の問題

対句《ついく》と抑揚の公式がポイント！

傍線部B「生 非㆔貴㆑之 所㆓能 存㆒」

ここは、直後の一文との「対句」の問題である。

生 非三貴レ之 所二能 存一
ー ＝ ー ＝ ＝ ＝ ー
身ハ 非ズ三愛シテレ之ヲ 所二能ク 厚クスル一

対句

同じように読めばよいのであるから、**正解は②**。

「生《せい》は之《こ》れを貴《たつと》んで能《よ》く存《そん》する所《ところ》に非《あら》ず」である。

「之」を「これを」と読んでいるものが②しかないという点だけでも、**正解は②**になる。

傍線部D「**百年猶厭二其多一、況久生之苦乎**」
こちらは、**抑揚の公式**に着眼できるかどうかの問題である。

重要句法　抑揚の公式

❶ Aスラ猶ホB、況ンヤCヲ乎（尚ホ／且ツ）
読 Aスラなホ（かツ）B、いはンヤCヲや
訳 AでさえBなのだ（から）、ましてCであればなおさら（B）だ

❷ Aスラ猶ホB、安クンゾCン乎（尚ホ／且ツ）
読 Aスラなホ（かツ）B、いづクンゾCンや
訳 AでさえBなのだ（から）、どうしてCであろうか（、いや、Cではない（Bだ））

＊❷は、後半に**反語形**がくる形で、「安…乎」でなくても同じである。

「**百年猶**」が、まず「百年《ひやくねん》すら猶《な》ほ」でなくてはならないので、正しいのは③・④。①・②・⑤は消去する。

後半、「**況…乎**」は、「況《いは》んや…をや」でなくてはならないので、正しいのは③・⑤。

よって、**正解は③**となる。

このような**「型にはまった」句法**は必ず覚えなければならない。

解答 B ②　D ③

問4　傍線部の理由説明の問題

選択肢のキズを見つけて消去法で！

傍線部C「**久《ひさ》しく生《い》くること奚《なん》ぞ為《な》さん。**」は、「**奚《なん》ゾ…ン**」が**反語**であるから、直訳すると「いつまでも生きることなど、どうしてするのか、いや、そんなことをする必要はない」とい

う意味である。

「奚」は振り仮名が付いているが、「何（胡・曷・庸）」と同じ「なんゾ」。

つまり、「長生きなどする必要はない」というのが、傍線部Cで言いたいことである。

正解は④である。

「人のいのちというものは、人間自身の意志で左右できるものではない」は、「理《り》として久《ひさ》しく生《い》くるもの無《な》し。生《せい》は之《こ》れを貴《たっと》んで能《よ》く存《そん》する所《ところ》に非《あら》ず。身《み》は之《こ》れを愛《あい》して能《よ》く厚《あつ》くする所《ところ》に非《あら》ず」が相当する。

「百年の寿命…」以降の記述については、傍線部Dの内容そのものになっている。

① 生きていく苦しみは耐えがたく、またそこには価値も見いだせないのだから、むしろはやく死んだほうが長生きするよりはましだ、と思っているから。

② 人のいのちは短くはかないものであり、それは昔も今も変わらないことなのだから、長生きしようとあくせくするのは愚かな努力にすぎない、と思っているから。

③ 真理は過ぎてゆく時間の上にしか含まれておらず、時がうつろえばすぐに捉《とら》えがたいものとなってしまうので、これ以上生きながらえてもむだだ、と思っているから。

④ 人のいのちというものは、人間自身の意志で左右できるものではないし、百年の寿命でさえ長過ぎるのに、ましていつまでも生きていく苦しみは耐えがたいものだ、と思っているから。

⑤ 長生きしたとしても人々の営みのすべてを追体験できるわけではなく、しかも新しい体験もそこでは見いだされないので、長寿のための努力はむなしいことだ、と思っているから。

解答 ④

問5 本文にうかがえる主張（趣旨）の判断の問題

第二段落の楊子の言葉との合致問題！

孟孫陽の問いに、楊子は何度も答えているが、この問いの選択肢を見ると、ポイントは、第二段落の楊子の言葉である。

孟孫陽の、「速《すみ》やかに亡《ほろ》ぶるは久《ひさ》しく生《い》くるに愈《まさ》る」んですね、という問いに、楊子は、こう答えている。

「**然《しか》らず**（＝それは違う）。**既《すで》に生《う》まれては、則《すなは》ち廃《はい》して之《こ》れに任《まか》せ、其《そ》の欲《ほっ》する所《ところ》を究《きは》めて、以《もっ》て死《し》を俟《ま》たん**（＝人は生まれた以上は、作為を加えないであるがままに任せ、したいことをやり遂げて、死を待てばよいのだ）。**将《まさ》に死《し》せんとすれば、則《すなは》ち廃《はい》して之《こ》れに任《まか》せ、其《そ》の之《ゆ》く所《ところ》を究《きは》めて、以《もつ》て尽《つ》くるに放《いた》らん**（＝死期が訪れたら、余計なことをせずにあるがままに任せ、成り行きに従って最後まで行き、死にいたればよいのだ）。**廃《はい》せざる無《な》く、任《まか》せざる無《な》し**（＝すべて作為を加えず、すべてあるがままに任せる）。**何遽《なん》ぞ其《そ》の間《かん》に遅速《ちそく》あらんや**（＝死ぬのが遅いか早いかということに、どうして違いがあるだろうか（いや、遅かろうと早かろうと何の違いもないのだ））」。

合致しているのは、⑤である。

① 人はこの世の苦しみをいつまでも経験するぐらいなら、むしろ早死にするほうがよいのであり、延命のための手だてを捨てて、長生きに執着すべきではない。

② 人は生きる苦しみにたじろがず死をも恐れず、禁欲的に自らを律しながら、与えられた生を素直に受け入れて、その結果として穏やかな死を迎えるのがよい。

③ 人はこの世に生まれたからには、身を大切にいたわり命を十分にいとおしんで、不老長寿を求めるのがよいのであり、早死にを願うなどもってのほかである。

④ 人は生の苦しみに打ち勝ち、古今東西のさまざまな体験をわがものとして、日々の生活を充実したものとすべきであって、幸せの到来の速い遅いは問題とすべきではない。

⑤ 人はこの世に生まれたからには、自らに忠実に行動して、余計なはからいを捨て生や死をありのままに受け入れるのがよく、そこでは早死にや長生きなどは問題にならない。

正解は⑤。

「廃《はい》せざる無く、任《まか》せざる無し」には傍線部Aと同じく**二重否定**、文末の「何遽…乎」には「なんゾ…ンや」の**反語形**がある。

解答 ⑤

演習編

7

『白香山詩集《はくこうざんししゅう》』

別冊（問題）p.86

解答・配点

問1 ⑤（6点）
問2 ②（7点）
問3 ③（7点）
問4 ④（10点）
問5 ③（10点）
問6 ⑤（10点）

／50

出典

▼**白居易**《はくきょい》『**白香山詩集**』「放鷹《たかをはなつ》」

中唐の大詩人、**白居易**（七七二〜八四六年）は、字《あざな》は**楽天**《らくてん》、香山居士《こうざんこじ》・酔吟《すいぎん》先生などと号した。

八〇〇年、進士に及第し、翰林学士《かんりんがくし》（天子の詔勅の起草などを担当する官）、左拾遺《さしゅうい》（天子を諫《いさ》める官）などを歴任したが、八一五年、左遷され、地方官を経て、刑部尚書《ぎょうぶしょうしょ》（いまの法務大臣くらいの官）を最後に官を離れた。

現存する詩は三千首を越えて、唐代の詩人の中でも最も多く、若いころの作には、「売炭翁《ばいたんおう》」のような、社会の矛盾を歌った**諷諭詩**《ふうゆし》が、晩年には、悠然とした境地を歌った閑適詩《かんてきし》が多い。唐の玄宗《げんそう》皇帝と楊貴妃《ようきひ》の愛を歌った「**長恨歌**《ちょうごんか》」はとくに人気があり、全集の『**白氏文集**《はくしもんじゅう》』は、日本でも平安時代から広く読まれ、『**源氏物語**《げんじものがたり》』などの日本文学にも大きな影響を与えた。

書き下し文・通釈

▲書き下し文▼

鷹《たか》を放《はな》つ　白居易《はくきょい》

① 十月鷹籠《じふぐわつたかかご》を出《い》で、
② 草枯《くさか》れて雉兎《ちと》肥《こ》ゆ。
③ 韝《こう》より下《お》りて指顧《しこ》に随《したが》ひ、
④ 百擲《ひやくてき》して一遺《いちゐ》無《な》し。
⑤ 鷹《たか》の翅疾《つばさはや》きこと風《かぜ》のごとく、
⑥ 鷹《たか》の爪利《つめするど》きこと錐《きり》のごとし。
⑦ 本鳥《もととり》の設《まう》くる所《ところ》と為《な》り、
⑧ 今人《いまひと》の資《し》する所《ところ》と為《な》る。
⑨ 孰《たれ》か能《よ》く之《これ》をして然《しか》らしめん、
⑩ 術《じゆつ》の甚《はなは》だ知《し》り易《やす》き有《あ》り。
⑪ 其《そ》の向背《かうはい》の性《せい》を取《と》り、
⑫ 制《せい》するは飢飽《きはう》の時《とき》に在《あ》り。
⑬ 長《なが》く飽《あ》かしむべからず、
⑭ 長《なが》く飢《う》ゑしむべからず。
⑮ 飢《う》うれば則《すなは》ち力足《ちからた》らず、
⑯ 飽《あ》けば則《すなは》ち人《ひと》に背《そむ》きて飛《と》ぶ。
⑰ 飢《う》ゑに乗《じよう》じて搏撃《はくげき》するを縦《ゆる》し、
⑱ 未《いま》だ飽《あ》かざるとき須《すべから》く縶維《ちふゐ》すべし。
⑲ 所以《ゆゑ》に爪翅《さうし》の功《こう》あるも、
⑳ 人坐《ひとざ》して之《これ》を収《をさ》む。
㉑ 聖明《せいめい》の英雄《えいいう》を馭《ぎよ》する、
㉒ 其《そ》の術《じゆつ》も亦斯《またか》くのごとし。
㉓ 鄙語《ひご》棄《す》つべからず、
㉔ 吾諸《われこれ》を猟師《れふし》に聞《き》けり。

▲通釈▼

① 十月に鷹は飼っていた籠《かご》を出て、
② 草は枯れ、雉《きじ》や兎《うさぎ》はよく肥えてい（て、まさに捕らえどきであ）る。
③ （鷹は）腕につけた革具から下りて、（猟師の）指示に従って動き、
④ 百回投げ放っても、一度の失敗もない。
⑤ 鷹の翼は、速いこと風のようで、
⑥ 鷹の爪は、鋭いこと錐《きり》のようである。
⑦ 翼や爪は、もともと鷹のために付けられているものなのに、
⑧ 今では人に利用されている。
⑨ いったい誰が、鷹の翼や爪をこのように人の役に立たせ

『白香山詩集』

ているのか、
⑩ その方法は簡単にわかる。
⑪ 鷹の、従順であったり反抗したりする性質を利用して、
⑫ 空腹時か満腹時かによって操りわけるのである。
⑬ 長時間満腹の状態でおいてはいけないし、
⑭ 長時間空腹の状態でおいてもいけない。
⑮ （なぜなら）空腹だと獲物を捕る力が足りないし、
⑯ 満腹だと人の命令を聞かずに飛び去ってしまうからだ。
⑰ （だから）空腹時を利用して獲物に襲いかからせ、
⑱ 満腹時にはつなぎ止めておくのがよい。
⑲ というわけで、爪や翼を持つという利点があっても、
⑳ 人は座ったままで鷹を支配できるのだ。
㉑ 立派な君主が英雄を意のままに動かす、
㉒ その方法も、やはり鷹の操り方と似ている。
㉓ 俗世間で言われている言葉も（一概に）聞き捨てるべきではない、
㉔ 私はこの実に示唆に富んだ話を猟師から聞いたのである。

解説

問1 漢詩の形式名の問題

一句の字数と全体の句数で判断！

漢詩では、一句の字数が五文字であれば「**五言**《ごごん》」、七文字であれば「**七言**《しちごん》」という。古体の詩には「四言《しごん》」もある。杜甫《とほ》や李白《りはく》の時代のような近体の詩では、四句でできている「**絶句**《ぜっく》」か、八句でできている「**律詩**《りっし》」が主で、もっと句数が多く長いものは「**古詩**《こし》」という。

この詩は、一句が五文字、全体で二十四句あるので、「**五言古詩**」である。**正解**は⑤。

解答 ⑤

まとめ **漢詩のきまり**

❶ 漢詩の形式

五言絶句……一句が五字、全体が四句の詩。
七言絶句……一句が七字、全体が四句の詩。
五言律詩……一句が五字、全体が八句の詩。
七言律詩……一句が七字、全体が八句の詩。

五言古詩……一句が五字、句数に制限のない詩。（ただし、偶数句）

七言古詩……一句が七字、句数に制限のない詩。（ただし、偶数句）

❷ 押韻《おういん》（韻をふむ）

五言の詩……偶数句末。（第一句末も押韻することがある）

七言の詩……第一句末と偶数句末。（第一句末が押韻していないこともある）

❸ 漢詩の構成

五言絶句の場合

○○○○○……起句《きく》……歌い起こす
○○○○●……承句《しょう》……起句を承《う》けて内容を展開
○○○○○……転句《てん》……前半の内容を一転させる
○○○○●……結句《けつ》……全体を結ぶ

七言律詩の場合

○○○○○○●
○○○○○○● }……首聯《しゅれん》
○○○○○○○
○○○○○○● }……頷聯《がん》（対句《ついく》）
○○○○○○○
○○○○○○● }……頸聯《けい》（対句）
○○○○○○○
○○○○○○● }……尾聯《び》

●は韻字

問2 押韻のきまりの問題

偶数句末の空欄は押韻の問題

漢詩では、決められた字でひびきをそろえる「**押韻**」というきまりがある。

七言の詩の場合、第一句末も押韻するが、**偶数句の末尾は、五言でも七言でも必ず押韻する**。よって、漢詩の偶数句末の空欄問題は、「押韻」の問題であると言ってよい。

まず、**空欄以外の偶数句末の字を音読みしてみる**。

②「**肥**（ヒ・hi）」、⑥「**錐**（スイ・sui）」、⑧「**資**（シ・shi）」、⑩「**知**（チ・chi）」、⑫「**時**（ジ・ji）」、⑭「**飢**（キ・ki）」、⑯「**飛**（ヒ・hi）」、⑱「**維**（イ・i）」、⑳「**之**（シ・shi）」、㉒「**斯**（シ・shi）」、㉔「**師**（シ・shi）」で、おおむね「**イ・i**」のひびきであることがわかる。

厳密には「韻」の種類を調べなければならないが、日本語の音読みで、だいたい共通していればよい。
次に、**選択肢に並んでいる字を音読み**してみる。

①「**中**（チュー・chū）」
②「**遺**（イ・i）」
③「**敗**（ハイ・hai）」
④「**至**（シ・shi）」
⑤「**失**（シツ・shitsu）」

「**イ・i**」のひびきと言えるのは、②「遺」か、④「至」である。③「敗」は「アイ・ai」。

鷹が獲物に向かって投げ放たれて、「一遺無《いちゐな》し（＝一つももらさない）」のか、「一至無《いっしな》し（＝一つもいたらない）」のかであるが、これは、当然「一遺無《いちゐな》し」でなければならない。獲物に「一至無《いっしな》し」では話になるまい。

正解は②。

解答 ②

問3 対句の判断の問題

返り点の付き方と語の構成が同じ

「**対句**《ついく》」とは、語の構成（配置のしかた）を同じくし、意味的に対《つい》になる二つ（以上のことも）の句をいう。

「対」と言っても、**同義的な対句**と、**対義的な対句**がある。

「絶句」や「古詩」には、どの位置を「対句」にしなければならないというきまりはないが、「律詩」では、原則的に、第三句と第四句（頷聯）、第五句と第六句（頸聯）は「対句」にすることになっている。むろん、絶句でも古詩でも「対句」は作ってよく、律詩の第一句と第二句（首聯）や、第七句と第八句（尾聯）も「対句」にしてもかまわない。

この詩には、次の「対句」がある。

⑤ 鷹ノ　翅　疾キコト　如クレ　風ノ
　 ＝　－　－　＝　－
⑥ 鷹ノ　爪　利キコト　如シレ　錐ノ
（⑤⑥）**対句**

⑦ 本　為リニ　鳥ノ　所トレ　設クル
　 ↔　＝　↔　＝　－
⑧ 今　為ルニ　人ノ　所トレ　資スル
（⑦⑧）**対句**

⑬ 不レ　可カラレ　使ムニ　長ク　飽カ一
　 ＝　＝　＝　＝　↔
⑭ 不レ　可カラレ　使ムニ　長ク　飢エ一
（⑬⑭）**対句**

右の三つを見ると、**返り点の付き方が同じ**（つまり、句の構成のしかたが同じ）であることがわかり、⑤⑥は「**如レA**（Aノごとシ）」の比況形、⑦⑧は「**為二A所一レB**（AノBスルところトなル）」の受身形、⑬⑭は、禁止形の「**不レ可レA**（Aスベカラず）」、使役の「**使**（しム）」の形が同じであることもわかる。

選択肢にある、①②、⑪⑫、⑰⑱、㉑㉒の組合せは、返り点も、並べた場合の雰囲気も全く違う。⑮⑯はやや微妙である。

⑮ 飢《ウレバ》則《チ》力不レ足《ラ》
↔　＝　｝対句になっていない
⑯ 飽《ケバ》則《チ》背《キテ》レ人《ニ》飛《ブ》

上の二文字は「対」になっているが、下の三文字が「対」になっていない。

よって、**正解は③**「⑦⑧と⑬⑭」である。

解答 ③

問4 傍線部の意味（現代語訳）の問題

「型にはまった」句法を覚えよう！

演習編1の**問2**・4の**問1**でも見たように、ここも、「**為…所**」に着眼して、「**受身の公式**」で一発解答である。

重要句法　受身の公式

A 為《ル》二B《ノ》所《ト》一レC《スル》

読　ABノCスルところトなル

訳　AはBにCされる

＊**Aは主語**。
Bは受身の対象（誰・何にそうされるのか）。
Cは受身の内容（何をされるのか）。ここを連体形にして「所」へ返読する。

「**本鳥《もととり》の設《まう》くる所《ところ》と為《な》り、今人《いまひと》の資《し》する所《ところ》と為《な》る**」であるが、「本《もと》」と「今《いま》」は、右の受身の公式のA（主語）ではない。

Aにあたるのは、⑤の「鷹《たか》の翅《つばさ》」、⑥の「鷹《たか》の爪《つめ》」であり、「本」は「もともと。本来」、「今」は「今は。今では」のような意味である。ただ、この件は、すべての選択肢がそのように訳しているので、問題はない。

Aにあたるのが「鷹《たか》の翅《つばさ》」「鷹《たか》の爪《つめ》」とわかれば、それだけで答は④となるが、⑦にある受身、⑧にある受身がどちらも訳されているのは、④しかない。

正解は④。

① 鷹は、もともと獲物を捕る才能を備えており、今も人のために役立っている。

② 小鳥は、もともと鷹が食料としていたものであるが、今では人が食料としている。

③ 雉《きじ》や兎《うさぎ》は、もともと鷹のために天が授けたものであるが、今は人の食料となっている。

④ 翼や爪は、もともと鷹のために付けられているものなのに、今は人に利用されている。

⑤ 鷹狩りは、もともと鷹の訓練のために始められたものであるが、今では人の娯楽となっている。

解答 ④

問5 傍線部の読み方（書き下し文）の問題

使役の公式を「能ク」で絞り込む！

ポイントは三つある。

一つめは、「**孰**」であるが、これは、「**たれカ**」か、「**いづレカ**」である。基本的に、「たれカ」「いづレカ」であって、①「たれゾ」、②「たれノ」、⑤「いづレノ」のようには用いないのがふつうである。④は「いづくンゾ」としているが、これもなし。

つまり、「孰」のポイントだけでも答は出るのであるが、この点はやや難しいところである。

重要句法 「孰」の用法

（誰）孰カ Aスル　読 たれカAスル　訳 誰がAするのか　〈疑問〉

孰レカ Aスル　読 いづレカAスル　訳 どちらがAするのか　〈疑問〉

二つめは、「**使役の公式**」である。演習編3の問4にも既出。

重要句法 使役の公式

A 使ム二 Bヲシテ C一セ　読 ABヲシテCセしム　訳 AはBにCさせる

＊「しム」は「令・教・遣・俾」を用いても同じ。

＊**Aは主語、Bは使役の対象**（誰にやらせるか）で、ここに「ヲシテ」という送り仮名が付くことがポイント。**Cは使役の内容**（何をやらせるか）。

「之《これ》をして…しむ」になっているのは、③と⑤のみ。

三つめは、「**能**」が「**よク**」であること。「のう」という読みを問うことはない。①・③・④が正しい。

よって、**正解は③**。

① 孰《たれ》ぞ能《よ》く之を然らしめん。
② 孰《たれ》の能《のう》か之《ゆ》きて然らしめん。
③ 孰《たれ》か能《よ》く之をして然らしめん。
④ 孰《いづく》んぞ能《よ》く之を然りとせしめん。
⑤ 孰《いづ》れの能《のう》か之をして然らしめん。

解答 ③

問6 傍線部の理由説明の問題

「猟師＝聖明」「鷹＝英雄」の構図！

「**鄙語**《ひご》」は、(注)が付いていないが、「鄙」は「田舎」あるいは「いやしい。みやびやかでない。下品である。とるに足らない」などの意味であるから、「田舎者の言葉。世俗の言葉。いやしい言葉」のような意味である。

㉔で、「**吾諸**《われこれ》**を猟師**《れふし》**に聞**《き》**けり**」と言っているから、ここでの「鄙語《ひご》」は①〜⑳の、猟師の語った「鷹《たか》」の話である。

なぜこれが「**棄**《す》**つべからず**（＝聞き捨てるべきではない）」のか、それは、㉑・㉒にポイントがある。

「**聖明**《せいめい》**の英雄**《えいいう》**を馭**《ぎよ》**する、其**《そ》**の術**《じゅつ》**も亦**《また》**斯**《か》**くのごとし**（＝立派な君主が英雄を意のままに動かす、その方法もまたこのようなものである）」。つまり、

猟師＝聖明
鷹　＝英雄

ということである。

よって、**正解は⑤**。

① 単に鷹狩りの話ではあるが、弱肉強食の人間界を風刺しているから。
② 無味乾燥な政治の話ではあるが、純朴な猟師に聞かせても納得したから。
③ 一介の猟師から聞いた話ではあるが、実に動物の習性を研究し尽くしているから。
④ 私のような門外漢の観察記ではあるが、猟師に聞いても間違っていなかったから。
⑤ 猟師から耳にした卑俗な話ではあるが、名君と臣下との関係を示唆しているから。

解答 ⑤